PRINCIPIOS *de la* ORACIÓN

CHARLES FINNEY

PRINCIPIOS
de la ORACIÓN

PENIEL

BUENOS AIRES - MIAMI - SAN JOSÉ - SANTIAGO

www.peniel.com

EDITORIAL PENIEL
Boedo 25
Buenos Aires, C1206AAA
Argentina
Tel. 54-11 4981-6178 / 6034
e-mail: info@peniel.com
www.peniel.com

Diseño de portada e interior:
ARTE PENIEL • arte@peniel.com

Publicado originalmente en inglés con el título:
Principles of Prayer
by Bethany House, a division of Baker Publishing Group,
Grand Rapids, Michigan, 49516, U.S.A.
Copyright © 1980 2001 by Louis Gifford Parkhurst, Jr.
All rights reserved.

Finney, Charles
Principios de la oración. - 1a ed. - Buenos Aires : Peniel, 2011.
    128 p. ; 18x13 cm.
    Traducido por: María José Hooft
    ISBN 10: 987-557-297-7
    ISBN 13: 978-987-557-297-3
    1. Espiritualidad Cristiana. 2. Vida de Oración. I. Hooft, María José, trad. II. Título
    CDD 248.32

Impreso en Colombia / Printed in Colombia

Para
Patricia Ann, Jonathan Edward y Kathryn Elizabeth,
que enriquecen mi vida con cada palabra y acción.

CHARLES G. FINNEY fue el evangelista más sobresaliente de los Estados Unidos. Más de un millón de personas se convirtieron por medio de su ministerio, en una época en que no había amplificadores ni medios masivos de comunicación. El profesor de Harvard Perry Miller afirmó que "Finney sacó a los Estados Unidos del siglo XVIII". Como teólogo, es reconocido por sus *Discursos sobre el avivamiento* [Lectures on Revival] y su *Teología Sistemática*.

LOUIS GIFFORD PARKHURST JR., es pastor de la Iglesia Presbiteriana Cumberland. Obtuvo una Licenciatura, una Maestría y una Maestría de Bibliotecología y Ciencias de la Información de la Universidad de Oklahoma, y una Maestría en Divinidad del Seminario Teológico de Princeton. Ha publicado más de treinta libros en inglés y otros idiomas, incluyendo la serie de Principios de Finney con Casa Betania. Está casado y es padre de dos hijos.

Índice

Introducción

¿Por qué todo cristiano debería dominar los principios de la oración de Charles G. Finney? Porque todos los cristianos desean principios verdaderos en cuanto a la enseñanza pura de Las Escrituras, sólidos y razonables, que hayan sido verificados por medio de la experiencia. Millones de personas han sido bendecidas por estos principios, innumerables multitudes han acudido a los pies del Salvador, y se ha realizado una gran obra para su Reino. En sus memorias, Finney escribió que durante sus esfuerzos de avivamiento, le habló a los cristianos y "se esforzó por hacerles entender, que Dios respondería la oración inmediatamente, si ellos cumplían los requisitos que Él había prometido; y especialmente, si creían, es decir, si estaban expectantes de su respuesta a las peticiones".[1] Cuando un cristiano lleva su fe en el Señor a las condiciones trazadas en este libro, entonces Dios responde cada una de sus oraciones. Los principios de Finney nacieron de una oración muy intensa, y el apéndice

---

1. Charles G. Finney, Autobiography [Autobiografía], Fleming H. Revell, n.d., Old Tappan, N.J., derechos de autor originales, The Trustees of Oberlin College, 1876, 1908, pp. 170-171 del original en inglés.

de este libro, ilustra algunos de los grandes efectos de la oración en los Estados Unidos e Inglaterra.

He editado este libro, porque creo que los principios vigentes de Finney transformarán las vidas de aquellos que buscan una guía confiable a la oración cristiana. Estos principios, de igual modo, transformarán cada una de las iglesias en la que uno o más de sus miembros los practiquen. Charles Finney dominaba La Palabra de Dios y aplicaba los principios de la oración efectiva a cada emprendimiento. La Palabra de Dios y la oración abrirán las puertas a un valioso servicio en el Reino de Dios para cada cristiano en el presente, como lo hizo en el pasado para Finney y otros cristianos que apoyaron su trabajo. Finney se inclinaba ante la autoridad de Las Escrituras, porque había descubierto que eran razonables, verdaderas y que tenían el poder de cambiar las vidas: eran la mismísima Palabra de Dios. Por ende, las aplicaba como verdad divina a todas las áreas de su vida, incluyendo su estudio de la oración. A través de su vida santa y devota, Finney se convirtió en uno de los colaboradores de Dios más eficaces del siglo XIX. Todavía se siente su influencia en los principios de oración directos y explícitos que nos dejó.

Por muchos años, los principios de oración de Finney han quedado enterrados dentro de su enorme libro *Lectures on Revivals of Religion* [publicado en español bajo el título *El avivamiento*]. Solo algunos, en el siglo XX, se han atrevido a sumergirse en él y dominar el libro de forma completa. Otros han pasado sus páginas con prisa, tan solo en busca de un interés histórico, y muchos han perdido el verdadero valor educativo de los pensamientos de Finney sobre la oración. Cuando él hizo algunas pequeñas modificaciones en sus discursos, en sus años más maduros, publicadas como *Reflections on Revival* [Reflexiones sobre el avivamiento], no cambió sus pensamientos acerca de la oración.

De hecho, remarcó que debía haber enfatizado más la influencia del Espíritu Santo en la conversión de los pecadores; en otras palabras, deseaba haber subrayado más la necesidad de cumplir con las condiciones de la oración e involucrarse de lleno en ella. Los agregados prácticos sobre la oración en sus *Reflections on Revival*, han sido incluidos en este libro. Finney aplicó sus principios con fidelidad, consistencia y éxito a lo largo de toda su vida y ministerio. Ahora, por primera vez, están disponibles en un formato accesible, para los que desean extender el amor y la gloria del Reino de Dios, a medida que crecen en la madurez cristiana.

Los principios de Finney han sido condensados en cuarenta meditaciones breves para ayudar en su estudio y aplicación. El libro se puede leer rápidamente en una o dos veces, pero se extraerá más valor si se usa como una meditación diaria durante cuarenta días. He escrito las oraciones cortas que siguen a continuación de cada devocional, en un intento por reflejar, de forma abreviada, la verdad que el mismo Finney impartió sobre mí y mi sentido de aprecio, porque Dios usó esos principios para sacarme de mi ignorancia e insuficiencia ante Dios. Creo que la aplicación gradual y acumulativa de estos principios de oración cambiarán su vida, pero no puedo enfatizar lo suficiente el efecto perdurable que tendrán, a menos que tome el tiempo de estudiar, pensar y orar diariamente a solas con Las Escrituras. Como Jacob luchó con el ángel y prevaleció, nosotros debemos luchar con estos principios y aprender a prevalecer con Dios.

Por último, me gustaría expresar mi gratitud hacia Dave Birch Jr., quien después de completar una gira con la juventud, en una Misión, me presentó los escritos y la teología de Charles G. Finney, que enriqueció mi ministerio de manera significativa con la verdad. Que su propio ministerio siga siendo bendecido por nuestro Señor al aplicar estos principios de oración.

También le debo gratitud a Harry Conn, por su amistad y sus discursos que aplican de forma tan eficaz los principios de Finney en el presente. Deseo agradecer al señor Clyde Nealy de *Hombres para las Misiones*, por localizar los libros de Finney que enumero en la bibliografía. Este libro nunca se hubiera completado ni mi carrera de escritor comenzado, si el aliento y el apoyo de mi esposa Patricia Ann, una compañera fiel en el ministerio, no hubiesen estado. Quiero agradecer por la ayuda en áreas técnicas a mi amigo Jack Key, autor y bibliotecario emérito de Mayo Clinic. Como ejemplo en la oración, tengo que agradecer a mis padres y a mi compañero de oración, el fallecido Nowell Herzog.

Al enviar esta nueva edición a la lectura pública, Internet se ha convertido en una posibilidad fidedigna para la obra cristiana. Para saber más acerca de la vida y oración de Charles G. Finney, visite la página web www.parkhurstgroup.net o envíe un correo electrónico a lgp@parkhurstgroup.net. A través de Internet podemos unirnos como cristianos que oran en todo el mundo.

Con gratitud a Dios,
L.G. Parkhurst Jr.

La oración que prevalece

La oración que prevalece o que es eficaz es la que alcanza las bendiciones que busca. Es la oración que efectivamente conmueve a Dios. La misma idea de oración eficaz indica la capacidad para afectar a su objeto.

La verdad y la oración

Hay dos clases de medios necesarios para fomentar un avivamiento: uno es influenciar al hombre; el otro, influenciar a Dios. La verdad es empleada para influir al hombre, y la oración es utilizada para mover a Dios. Cuando hablo de mover a Dios, no digo que la mente de Dios o que su disposición o carácter es cambiado por nuestra oración. Digo que la oración produce un cambio tan grande *en nosotros,* que hace a Dios ser consecuente, cuando de otro modo no lo sería. Cuando un pecador se arrepiente, su cambio de vida hace favorable el perdón de Dios. Dios siempre ha estado listo para perdonar en esas condiciones, razón por la cual, cuando el pecador cambia su manera de sentir y se arrepiente, no necesita que Dios cambie su manera de sentir. Es el arrepentimiento del pecador lo que hace favorable el perdón, y es esta la ocasión para el actuar de Dios. Entonces, cuando los cristianos ofrecen una oración eficaz, su manera de sentirse propicia una respuesta de parte de Dios. Él nunca deja de estar dispuesto a otorgarles la bendición, siempre y cuando ellos se arrepientan y ofrezcan la oración correcta.

La verdad, por sí sola, nunca producirá efecto sin el Espíritu de Dios, y el Espíritu es dado en respuesta a la oración.

A veces ocurre que, aquellos más comprometidos en emplear la verdad, no son los más comprometidos en la oración. Esto es siempre lamentable porque, a menos que tengan el espíritu de la oración (o a menos que alguien más lo tenga), la verdad por sí sola no hará nada más que fortalecer al hombre impenitente. Probablemente, en el Día del Juicio será descubierto que nunca nada es hecho por la verdad, aun usada fervorosamente, a menos que haya un espíritu de oración en algún lugar conectado con esa presentación de la verdad.

Otros pecan en la dirección opuesta. No hacen demasiado hincapié en la oración, y pasan por alto el hecho de que la oración podría ser ofrecida para siempre, por sí sola, y nada acontecería. Los pecadores no solo se convierten por el contacto directo con el Espíritu Santo, sino por la verdad empleada como un medio. Esperar esta conversión de los pecadores solo por la oración, sin emplear la verdad, es tentar a Dios.

Ah Dios, envía tu Espíritu Santo a mi vida para que sea yo cambiado; para que sea conforme a tu voluntad. Convénceme de la verdad por medio de las buenas nuevas de Jesús. Capacítame con un verdadero amor por los pecadores, para que desee mantenerlos en mis oraciones y compartir con cualquiera de ellos la verdad. Amén.

Día 2

Ore por algo definido

Mucha gente se retira a un cuarto para orar a solas, simplemente porque "deben hacer sus oraciones". Tienen el hábito de irse a orar solos, ya sea por la mañana, al mediodía o a cualquier hora del día. Pero en vez de tener algo particular para decir, se arrodillan y oran por lo que sea que flote en su imaginación en el momento, y cuando terminan, difícilmente puedan contarle una palabra de lo que dijeron. Esta no es una oración eficaz. ¿Qué pensaríamos de alguien que intentara mover una legislatura, diciendo: "Ahora que es invierno, la legislatura está en sesión y debemos enviar las peticiones", y fuese a la legislatura y peticione al azar sin ningún objetivo definido? ¿Piensa que aquellas peticiones moverían a la legislatura?

El hombre debe tener un objetivo definido en mente. No puede orar eficazmente por varias cosas de una sola vez. La mente está constituida de tal modo, que no puede enfocar intensamente su deseo sobre muchas cosas al mismo tiempo. Todos los casos de oración eficaz descritos en La Biblia, están enfocados en una sola cosa. Dondequiera que vea que la bendición buscada en oración fue recibida, encontrará que la oración ofrecida tenía como fin un objetivo en particular.

Querido Padre celestial, mi mente deambula en mis oraciones a ti. Mi lapso de atención es corto, y pronto estoy tras otra búsqueda. Fija en mi mente aquella gente, hechos o cosas por las que tengo que orar. Ayúdame a fijar mi mente continuamente, sin titubear, en solo un propósito, para que pueda lograr, mediante la oración, al menos una cosa para tu gloria. Amén.

Ore por la voluntad de Dios

Orar por cosas contrarias a la voluntad revelada en Las Escrituras, es tentar a Dios. Hay tres formas en las que la voluntad de Dios es revelada al hombre para su guía en la oración.

Primero, puede ser revelado mediante promesas explícitas o profecías en La Biblia, que Él dará o hará ciertas cosas; promesas respecto a cosas específicas, o en términos generales, de modo que las podamos aplicar a asuntos particulares. Por ejemplo, está la promesa: *"Crean que ya han recibido todo lo que estén pidiendo en oración, y lo obtendrán"* (Marcos 11:24).

Algunas veces, Dios revela su voluntad mediante su providencia. Cuando deja en claro que tal y tal evento está por suceder, es como si lo hubiera escrito en su Palabra. Sería imposible revelar todo en La Biblia, pero Dios, a menudo, deja en claro a aquellos que tienen discernimiento espiritual, que es su voluntad otorgar tales y cuales bendiciones.

Y otras veces, su voluntad es revelada mediante su Espíritu. Cuando la gente de Dios no sabe por qué orar, que sea agradable a su voluntad, su Espíritu a menudo los instruye. Donde no hay una revelación particular y su providencia lo deja oscuro, y no sabemos por qué orar como debiéramos, somos expresamente instruidos que el Espíritu nos ayuda en nuestras debilidades, y que *"el Espíritu mismo intercede por nosotros con gemidos que no pueden expresarse con palabras"* (Romanos 8:26). Es tan sencillo, como si fuese revelado por una voz del cielo, que el Espíritu de Dios ayuda a sus hijos a orar conforme a la voluntad de Dios, cuando ellos mismos no saben por qué deben orar. *"Y Dios, que examina los corazones, sabe cuál es la intención del Espíritu, porque el Espíritu intercede por los creyentes conforme a la voluntad de Dios"* (Romanos 8:27); y Él conduce a los cristianos a orar precisamente por esas cosas *"con gemidos que no pueden expresarse con palabras"*. Cuando ni su Palabra, ni la providencia les permite decidir, hay que permitirles ser *"llenos del Espíritu"*, como Dios les ordena ser. Él dice: *"Sean llenos del Espíritu"* (Efesios 5:18). Y Él guiará sus mentes a aquellas cosas que Dios les está queriendo otorgar.

Querido Dios: Confieso que bastante a menudo no sé cómo orar y agravo mi pecado tropezándome a toda máquina de todos modos. Ayúdame a analizar a fondo Las Escrituras, para que pueda aplicar a mis oraciones lo que aprendí. Ayúdame a ser mas sensible a la dimensión divina en la vida que me rodea, para que pueda orar de acuerdo a tu gobierno providencial. Bendíceme con una mayor conciencia de tu Espíritu al moverse dentro mío, para poder orar por aquello que desees de mí. Amén.

Ore sometiéndose a la voluntad de Dios

Para orar efectivamente, debe orar en sumisión al deseo de Dios. No confunda sumisión con indiferencia. No hay dos cosas tan distintas. Una vez conocí a una persona que llegó hasta donde el avivamiento estaba en progreso. Él mismo era frío y no entraba en el espíritu del avivamiento, no tenía espíritu de oración; y cuando oyó a los hermanos orar como si no pudiera ser desmentido, se impresionó de su osadía y siguió insistiendo en la importancia de orar con sumisión. Fue tan claro que él había confundido sumisión con indiferencia.

De nuevo, no confundan la sumisión en la oración, con la confianza de que Dios hará lo correcto. Es necesario tener la confianza de que Dios hará lo correcto en todas las cosas. Por eso, la confianza es algo diferente a la sumisión. Cuando hablo de sumisión en la oración, me refiero al consentimiento con el deseo revelado de Dios. Someterse a cualquier *mandamiento* de Dios es obedecerlo. La sumisión a algunos supuestos o posibles decretos de Dios, aunque secretos, no es la sumisión. Someterse a cualquier dispensación de la providencia, es imposible hasta que llega. Pues nunca podemos saber cuál es el hecho hasta que ocurre.

Mientras que la voluntad de Dios no es conocida, someterse, sin la oración, es tentar a Dios. Tal vez, y para todos los que saben, el hecho de que esté ofreciendo el tipo correcto de oración, puede ser el caso en que la situación se transforma. En el caso de un amigo incorregible, la mera condición por la cual debe ser salvado del infierno, puede ser el fervor y la perseverancia de su oración por esa persona.

Querido Padre: Yo siempre termino mis oraciones sometiéndome a tu voluntad; pero ahora parece que a veces no oro con gran seriedad por lo que deseo y lo bueno que podría lograr, sino que simplemente lo pongo en tus manos para que te encargues de ello, mientras yo intento estar satisfecho con los resultados. Ayúdame a luchar con la resistencia y el deseo de Jacob en mis propias oraciones, y luego a someterme a obedecer lo que sea que pidas de mí. Amén.

Ore con un deseo loable

La oración efectiva por un objetivo en particular, implica un deseo proporcional en importancia a su objeto. Si una persona *verdaderamente* desea cualquier bendición, sus deseos serán proporcionales a la grandeza de la bendición. Los deseos del Señor Jesucristo para la bendición por la que Él oró, fueron increíblemente fuertes, igualando incluso a la agonía. Si el deseo por un objetivo es fuerte, y hay un deseo de benevolencia, y no es contrario a la voluntad y providencia de Dios, podemos suponer que va a ser concedido.

Primero, la benevolencia general de Dios está obrando. Si es algo deseable; hasta lo que podemos ver, sería un acto de benevolencia por parte de Dios concederlo. Su benevolencia general es prueba de que Él lo va a conceder.

En segundo lugar, un deseo fuerte por algo, presupone que el Espíritu de Dios lo está otorgando, por lo que puede ser concedido en respuesta a la oración. En ese caso, ningún grado de deseo o perseverancia en la oración es inapropiado. Un cristiano puede acercarse, como fuera, y tomarse de la mano de Dios. Mire el caso de Jacob cuando exclamó, en agonía de deseo: *"No te soltaré hasta que me bendigas"* (Génesis 32:26). ¿Estaba molesto Dios con su osadía y perseverancia? No, para nada; en cambio, Él le concedió el deseo por el que había orado.

Así fue en el caso de Moisés. Dios le dijo: *"Tú no te metas. Yo voy a descargar mi ira sobre ellos, y los voy a destruir. Pero de ti haré una gran nación"* (Éxodo 32:10). ¿Qué hizo Moisés? ¿Se puso a un lado y dejó a Dios hacer lo que había dicho? No, su mente se remonta a los egipcios, y piensa cómo van a triunfar. *"¿Por qué dar pie a que los egipcios digan que nos sacaste de su país con la intención de matarnos en las montañas y borrarnos de la faz de la tierra?"* (Éxodo 32:12). Parecía que se hubiera apoderado de las manos alzadas de Dios para evitar el golpe. ¿Qué hizo Dios? ¿Lo reprendió porque no era asunto suyo entrometerse? No, tenía buena disposición, como si no pudiera negarle nada ante tal perseverancia, así que Moisés se paró en la brecha y prevaleció con Dios.

Ah Señor: Hay mucho sobre la oración que no entiendo. ¿Cómo puedo orar y prevalecer? ¿Mis necesidades y deseos que parecen tan irrisorios, realmente merecen la súplica y agonía que hombres como Jacob, Moisés y Jesús expresaron en sus oraciones? Abre mis ojos más allá de mí mismo, de tal manera que pueda ver las grandes necesidades de tu Iglesia y del mundo, y permíteme orar por esas necesidades con todo mi corazón, mente, alma y fuerzas. Amén.

Día 6

Ore con motivaciones correctas

La oración, para ser efectiva, debe ser ofrecida desde motivaciones correctas. La oración no debería ser egoísta, pero sí ser dictada por una consideración suprema de la gloria de Dios. Gran parte de la oración es ofrecida desde el egoísmo puro. A veces, las personas oran para que sus cónyuges se conviertan, porque dicen: "Sería mucho mejor que mi cónyuge fuera a la iglesia conmigo". Y parece que nunca pensaran en otra cosa que no fuese en ellos mismos. No parece que pensaran en cómo sus cónyuges están deshonrando a Dios por sus pecados, o cómo Dios sería glorificado en su conversión.

Esto es muy común con los padres. No soportan pensar que sus hijos podrían estar perdidos. Oran por ellos con mucha seriedad. Pero si les hablas acerca del tema, son muy sensibles y te dicen cuán buenos son sus hijos: cómo respetan su religión, y cómo son, de hecho, "casi cristianos ahora"; y hablan como si tuvieran miedo de que los fueras a herir, simplemente diciéndoles la verdad. No piensan en cómo unos chicos tan amables y amorosos están deshonrando a Dios por sus pecados; solo están pensando cuán terrible sería para ellos ir al infierno. A menos que sus pensamientos se eleven por encima de esto, sus oraciones nunca van a prevalecer con un Dios santo.

La tentación a tener motivos egoístas es tan fuerte, que hay razón para temer que muchas de las oraciones de los padres, nunca sean superiores que los anhelos de ternura paternal. Y esa es la razón de que muchas oraciones no sean respondidas y que tantos padres piadosos y que oran, tengan hijos impíos.

Muchas de las oraciones del mundo pagano, parecen estar basadas en un principio no más alto que la compasión. Agencias misioneras y otras, están afligidas, casi exclusivamente, por los seiscientos millones de paganos que irán al infierno, mientras que poco dicen respecto de cómo ellos deshonran a Dios. Este es un gran mal, y hasta que la Iglesia aprenda a tener motivaciones superiores para la oración y el esfuerzo misionero, la compasión por los paganos, sus oraciones y esfuerzos, nunca van a lograr mucho.

Querido Padre: Ayúdame a examinarme a mí mismo y a mis oraciones, que pueda determinar si son verdaderamente elevadas desde motivaciones correctas. Nunca he pensado acerca de la seriedad de algunas de mis peticiones. He ofrecido mis necesidades y las de otros, y he fallado en ver que muchas de esas peticiones, aunque aparentaban ser buenas en el exterior, estaban realmente apoyadas en el egoísmo. Crea en mí un corazón limpio, ah Dios, y renueva un espíritu recto dentro de mí. Amén.

Persevere con el Espíritu Santo

La oración, para ser efectiva, debe hacerse mediante la intercesión del Espíritu. Nunca puede ofrecer una oración de acuerdo al deseo de Dios, sin el Espíritu. Debe haber tal confianza, como la producida por la operación efectiva del Espíritu Santo.

En general, los cristianos que han vuelto a pecar y perdieron el espíritu de la oración, no van a poder recuperar el *hábito* de la oración perseverante, inmediatamente. Sus mentes no están en un estado correcto, y no pueden fijar sus pensamientos para esperar hasta que la bendición venga. Si estuvieran en un perfecto estado, perseverarían hasta que la respuesta viniese, y la oración efectiva podría ser ofrecida de una vez, así como también orar muchas veces por algo. Pero tienen que orar una y otra vez, porque sus pensamientos están muy propensos a divagar y son fácilmente desviados del tema.

La mayoría de los cristianos se acercan a la oración que prevalece por un proceso prolongado. Sus mentes poco a poco se llenan de ansiedad por algo, de modo que incluso, comienzan su oración suspirando sus deseos a Dios, así como la madre cuyo hijo está enfermo, rodea la casa suspirando, como si su corazón se fuera a partir. Y si es una madre que ora, sus suspiros son exhalados a Dios durante todo el día. Si se va del lugar donde su hijo está, su mente está aun en él; y si está dormida, aun sus pensamientos están en ello, y se asusta en sus sueños, pensando que tal vez el hijo esté muriendo. Su mente entera está absorbida con el hijo enfermo. Este es el estado de ánimo en el cual los cristianos ofrecen la oración que prevalece.

No se engañen pensando que ofrecen una oración efectiva, si no tienen este deseo intenso de la bendición. No es posible. La oración no es efectiva a menos que sea ofrecida con una agonía por el deseo. El apóstol Pablo habla acerca de ello, como si fuera un parto del alma. Jesucristo, cuando estaba orando en el jardín, estaba en tal agonía que *"su sudor era como gotas de sangre que caían a tierra"* (Lucas 22:44).

Ah Señor: Cuando comparo mis intentos débiles en la oración con los criterios para la oración efectiva, confieso que no te oro a ti, sino que simplemente juego con la oración. Perdóname por tomar las bendiciones conquistadas tan ligeramente, que no he estado perseverando como debería, pero me he rendido enseguida y te he dejado el problema a ti muy rápido. Lléname ahora con el Espíritu y el deseo de la oración perseverante. Amén.

Ore con frecuencia, y renuncie al pecado en el nombre de Jesús

Si quiere orar efectivamente, debe orar mucho. Se dijo del apóstol Santiago, una vez que murió, que sus rodillas estaban tan callosas como las de un camello, por causa de orar tanto. Ah, había un secreto del éxito en esos primeros ministros. ¡Ellos tenían rodillas callosas!

Usted no podrá prevalecer en oración, sin renunciar a todos sus pecados. No sólo debe traerlos a la mente y arrepentirse de ellos; más aun, debe renunciar a ellos y proponerse en su corazón abandonarlos para siempre.

Si tiene la intención de que sus oraciones sean efectivas, debe ofrecerlas en el nombre de Jesús. No puede venir ante Dios en su propio nombre. No puede suplicar por sus propios méritos. Pero puede venir en el nombre que siempre es aceptable. Todos saben lo que es usar el nombre de otro. Si uno va al banco con una nota o un cheque, endorsado por John Jacob Astor, ellos le darán a usted su nombre, y podrá retirar el dinero del banco, del mismo modo en que él lo haría. Ahora, Jesucristo le da el uso de su nombre. Y cuando usted ora en el nombre de Cristo, significa que puede prevalecer así como Él mismo lo haría, y recibir tanto como el hijo amado de Dios, si estuviera orando por las mismas cosas que usted. Pero debe orar en fe.

Querido Padre celestial: Yo confieso que he tomado el camino sencillo en la oración, haciendo la mayoría de las cosas mientras me reclino en el confort de mi cama o me siento en la silla de mi escritorio. Realmente no me humillo a mí mismo ante ti o trabajo en oración mientras hago algo de importancia. Perdóname y ayúdame a renunciar a mis caminos necios, para poder alcanzar grandes cosas a través de la oración para la gloria de tu Reino. Oro en el nombre que tú honras, en Jesucristo, mi Señor. Amén.

Ore en fe

Usted debe orar en fe. Debe esperar obtener las cosas que pide. No busque una respuesta a la oración, si ora sin ninguna expectativa de obtener lo que pide. No debe formarse tales expectativas sin ninguna razón para ellas. En los casos que he puesto, hay una razón para la expectativa. Si la cosa por la que ora está revelada en La Palabra de Dios, y usted ora sin ninguna expectativa de recibir las bendiciones, hace a Dios mentiroso. Si la voluntad de Dios es indicada por su providencia, debe depender de ella, según la claridad de la indicación, como también esperar las bendiciones si ora por ellas. Y si es guiado por el Espíritu Santo a orar por ciertas cosas, tiene tantas razones para esperar que sean hechas, como si Dios las hubiera revelado en su Palabra.

Pero algunos dicen: "¿Esta visión de la guía del Espíritu de Dios, no llevará a la gente al fanatismo?". No lo sé, pero muchos pueden engañarse a sí mismos respecto a este asunto. Multitudes se han engañado respecto a otros puntos de la religión. Y si algunos piensan que están siendo guiados por el Espíritu de Dios, cuando no es otra cosa que su propia imaginación, ¿hay alguna razón por la cual los que saben que están siendo guiados por el Espíritu no deberían seguirlo? Muchos suponen que están convertidos, cuando en realidad no lo están. ¿Es esa una razón por la que no deberíamos aferrarnos al Señor Jesucristo? Suponga que algunas personas están engañadas en pensar que aman a Dios; ¿es esa una razón por la que el santo, que sabe que tiene el amor de Dios en su corazón, no debe expresar sus sentimientos en canciones de adoración?

Algunos pueden engañarse a sí mismos en pensar que son guiados por el Espíritu de Dios. Pero no hay necesidad de ser engañados. Si la persona sigue impulsos, es su propia falta. No pienso que uno debería seguir impulsos. Pienso que necesitamos estar sobrios en nuestra mente y seguir la guía racional del Espíritu de Dios. Están aquellos que entienden lo que quiero decir y saben muy bien lo que es rendirse al Espíritu de Dios en oración.

Señor Jesús: Yo creo, pero ayuda a mi incredulidad. Deseo sentir la guía del Espíritu Santo en mi vida, y anhelo orar en fe sabiendo que mis oraciones serán respondidas. Es una nueva forma de ver el saber que las decisiones sobrias, racionales e inteligentes en mi vida, tomadas en oración, pueden ser la guía del Espíritu Santo en vez de impulsos emocionales. Ayúdame a no tomar demasiadas cosas por sentado, sino a buscar la verdad que la verdadera fe trae a aquellos que desean servir a Dios. Amén.

Por qué Dios requiere un fuerte deseo

Esos fuertes deseos ilustran vívidamente la fuerza de los sentimientos de Dios. Son como los sentimientos reales de Dios por los pecadores impenitentes. He visto la asombrosa fuerza de amor por las almas que los cristianos han sentido, y he quedado maravillosamente impresionado con el increíble amor de Dios y su deseo de salvación.

El caso de cierta mujer que estaba en un avivamiento, de quien leí, me causó una gran impresión en mi mente. Ella tenía una compasión y un amor tan indescriptible por las almas, que en verdad se quedaba sin aliento cuando oraba. Cuál debe ser la fuerza del deseo que Dios siente, cuando su Espíritu produce en los cristianos, tal asombrosa agonía, como agonías del alma, como *dolores de parto*. Dios ha elegido la mejor palabra para expresarlo: dolores de parto del alma.

El alma de un cristiano, cuando está así de cargada, debe tener alivio. Dios pone este peso en el alma del cristiano, a fin de llevarlo más cerca de Él. A menudo los cristianos son tan incrédulos que no ejercitan una fe correcta en Dios, hasta que Él pone esta carga tan pesada sobre ellos y no pueden vivir con ella, sino que deben acudir a Él en busca de alivio. Es el caso de muchos pecadores bajo convicción. Dios está dispuesto a recibirlos si vienen a Él con fe en Jesucristo. Pero el pecador no lo hace. Se retrae, lucha y gime bajo la carga de sus pecados y no se postra delante de Dios, hasta que el peso de su convicción se vuelva tan grande que no pueda vivir más; cuando es conducido a la desesperación y siente que está a punto de hundirse en el infierno, hace una poderosa zambullida y se arroja a la misericordia de Dios como única esperanza. Era su obligación venir al trono. Dios no se deleita en su angustia por su propia causa.

De modo que cuando los profesores de religión están cargados por el peso de sus almas, a menudo, oran una y otra vez, y la carga todavía no se va, ni su angustia se calma, porque nunca se han rendido totalmente a Dios en fe. Y no pueden quitarse la carga. A medida que su benevolencia continúa, permanecerá y aumentará; y a menos que resistan y apaguen al Espíritu Santo, no podrán tener alivio hasta dentro de un tiempo. Cuando son llevados al extremo, hacen un esfuerzo y depositan la carga sobre el Señor Jesucristo y ejercitan la confianza en Él. Allí sienten alivio; sienten como si el alma estuviera orando para ser salva. La carga se va, y Dios parece en su bondad aliviar la mente con una dulce certeza de que la bendición ha sido concedida.

Frecuentemente, después de que un cristiano ha tenido esta lucha y agonía en oración, y ha recibido el alivio necesario, hallará que el más dulce y celestial de los sentimientos fluye, el alma descansa pacífica y gloriosamente en Dios y se regocija *"con un gozo indescriptible y glorioso"* (1 Pedro 1:8).

¿Se preguntan por qué nunca tienen esas experiencias? Les digo que no es porque sean más sabios que los cristianos en los distritos rurales, o porque tengan mucha más inteligencia o una visión más amplia de la naturaleza de la religión, o una piedad más estable y regulada. En vez de sentirse orgullosos por ser libres de esas extravagancias, deberían esconder sus cabezas, porque los cristianos de la ciudad son tan mundanos, y tienen tanta levadura, orgullo y costumbres, que no pueden *bajar* a una espiritualidad así.

Ah Señor, mi Dios: Amo a mis amigos y amo a los que están en mi iglesia, mi clase bíblica y mi grupo de oración, pero amo poco a los pecadores. Confieso que todavía tengo sentimientos de resentimiento y a veces aborrezco a los que me han hecho daño intencionalmente a mí o a la Iglesia. Por favor, enséñame a amar y tener compasión por todas las personas, especialmente a los que me han hecho mal y a los que han deshonrado tu nombre. Los pongo delante de ti ahora, con la fe de un niño que cree que oirás mis oraciones. Amén.

La oración trae unidad y bendición

Sin dudas, una buena razón por la que Dios requiere el ejercicio de esta oración agonizante, es que ella forma un lazo de unión entre Cristo y la Iglesia. Crea una empatía entre ellos. Es como si Cristo viniera y derramara su corazón benevolente en el corazón de su pueblo, y los llevara a comprender y cooperar con Él como nunca lo han hecho.

Estos dolores de parto por las almas, crean también un notable lazo de unión entre los cristianos afectuosos y los jóvenes conversos. Los nuevos convertidos se ven muy estimados por el corazón de quien ha dado su espíritu en oración por ellos. El sentimiento se iguala al de una madre en su primer parto. Pablo expresa esto bellamente cuando dice: *"Queridos hijos…"* Su corazón es cariñoso y tierno hacia ellos. *"Queridos hijos, por quienes vuelvo a sufrir dolores de parto"* –ellos se habían apartado y él sufre la agonía de un padre por un hijo pródigo– *"hasta que Cristo sea formado en ustedes"* (Gálatas 4:19).

Con frecuencia, he notado en los avivamientos, que aquellos que tuvieron el espíritu de la oración amaban a los nuevos convertidos. Sé que esto suena muy del estilo griego para aquellos que nunca lo han sentido. Pero a los que han experimentado la agonía de la lucha, la oración que prevalece por la conversión de un alma, puede depender del hecho que el alma, una vez convertida, parece ser tan estimada como un hijo. Usted ha agonizado por ella, la ha recibido en respuesta a la oración y puede presentarla delante del Señor Jesucristo diciendo: *"Aquí me tienen, con los hijos que el SEÑOR me ha dado"* (Isaías 8:18. Ver además Hebreos 2:13).

Otra razón por la que Dios requiere esta clase de oración, es que es la única manera en que la Iglesia puede estar adecuadamente preparada para recibir grandes bendiciones sin ser dañada por ellas. Cuando la Iglesia está, por tanto, postrada en el polvo delante de Dios, en profunda agonía en oración, las bendiciones obran para bien. Al mismo tiempo, si han recibido las bendiciones sin esta profunda postración del alma, eso puede hacerlos inflar de orgullo. Pero de esta forma aumenta su santidad, su amor y humildad.

Querido Padre celestial: Úneme más firmemente con tu hijo Jesucristo. Llena mi corazón con su amor benevolente por todas las personas. Dame una preocupación genuina por los perdidos que me rodean, los que no tienen a quien acudir, y ayúdame a compartir el mensaje del amor de Cristo con todos ellos. Mantenme humilde y siempre consciente de que cada logro para ti, es tu obra en mí y en la iglesia a la que sirvo. Amén.

Día 12

Siga la guía del Espíritu Santo

Una gran parte de la oración se pierde, y muchas personas nunca prevalecen en oración, porque cuando tienen *deseos* de bendiciones personales, no las siguen hasta el final. Pueden tener deseos benevolentes y puros, que son estimulados por el Espíritu de Dios. Cuando esos deseos se presentan a su vida, deben perseverar en oración, porque si quitan su atención de ellos, apagan al Espíritu. Cuando descubre estos deseos santos en su mente, no apague al Espíritu y no se distraiga con otras cosas.

Siga la guía del Espíritu hasta que haya ofrecido *"la oración del justo"* que *"es poderosa y eficaz"* (Santiago 5:16).

Sin el espíritu de la oración, los ministros serán de poca ayuda. Un ministro no debe esperar demasiado éxito a menos que ore por él. A veces, otros pueden tener el espíritu de la oración y obtener una bendición sobre sus deberes. No obstante, generalmente, esos predicadores son los más exitosos, los que poseen el espíritu de la oración.

No solamente los ministros deben tener el espíritu de la oración, sino que es necesario que la Iglesia entera se una en ofrecer la oración ferviente que prevalece con Dios. *"Aún seré solicitado por la casa de Israel, para hacerles esto"* (Ezequiel 36:37 RVR60).

Querido Dios: Tú me has enseñado a través de las enseñanzas de Jesús, sus apóstoles y los profetas, que tú deseas escuchar y responder mis oraciones. Deseas que mis oraciones prevalezcan contigo para la salvación de los perdidos, el crecimiento en la gracia de la Iglesia y la profundidad de mi relación contigo. Que ya no dé más por sentadas las oraciones, sino que realmente me dedique a practicar lo que he aprendido de un maestro de la oración, y mediante la práctica pueda experimentar el gozo y la gloria de prevalecer y sufrir dolores de parto junto a ti. Amén.

La oración de fe

Para demostrar que la fe es indispensable para la oración que prevalece, sólo es necesario repetir lo que el apóstol Santiago nos dice expresamente: "Y si alguno de vosotros tiene falta de sabiduría, pídala a Dios, el cual da a todos abundantemente y sin reproche, y le será dada. Pero pida con fe, no dudando nada; porque el que duda es semejante a la onda del mar, que es arrastrada por el viento y echada de una parte a otra" (Santiago 1:5-6 RVR60).

Qué debe creer cuando ora

Debemos creer en la existencia de Dios. *"... cualquiera que se acerca a Dios tiene que creer que él **existe** –*en su buena voluntad para responder a la oración– *y que recompensa a quienes lo buscan"* (Hebreos 11:6). Hay muchos que creen en la existencia de Dios, pero no en la eficacia de la oración. Profesan creer en Dios, pero niegan la necesidad o influencia de la oración.

Debemos creer que recibiremos algo, ¿pero qué? No simplemente algo –cualquier cosa– sino una cosa en particular, que es la que estamos pidiendo. No debemos pensar que si a Dios le pedimos un pescado, nos dará una serpiente; o que si le pedimos pan, Él nos dará una piedra. Más bien, Él dice: *"Crean que ya han recibido todo lo que estén pidiendo en oración, y lo obtendrán"* (Marcos 11:24).

Con respecto a la fe para producir milagros, está claro que los discípulos estaban predispuestos a creer que recibirían lo que habían pedido, que exactamente *eso* iba a suceder.

Esto es lo que ellos debían creer. ¿Y qué deben creer los hombres respecto a otras bendiciones? ¿Es una vaga idea creer que si un hombre ora por una bendición específica, Dios por alguna misteriosa soberanía, le dará alguna otra cosa, o algo que algún otro hombre está pidiendo en otro lugar? Cuando un hombre ora por la conversión de sus hijos, ¿debería creer que se convertirán sus hijos o los hijos de otra persona? No tiene ningún sentido creer que vamos a recibir algo que no pedimos y es altamente deshonroso para Dios. Debemos creer que recibiremos *la misma cosa* que pedimos en oración.

Querido Padre celestial: Estos son pensamientos profundos y serios para mí. Siempre he orado "que se haga tu voluntad," porque no me atrevía a creer que siempre me darías lo que te pidiera. Ayúdame a entender estas verdades por completo para que pueda pedir correctamente y siempre ore por aquellas cosas que tienes para mí. Amén.

Ore por las promesas de Dios

La fe siempre debe tener evidencia. Un hombre no puede creer algo, a menos que vea alguna cosa que supone que es la evidencia. No tiene la obligación de creer ni el derecho a suponer que algo será hecho, a menos que tenga evidencia. Creer sin evidencia es el colmo del fanatismo. Las clases de evidencias que un hombre debe tener son las siguientes:

Cuando Dios ha prometido algo de manera especial. Por ejemplo, cuando Dios dice que está más dispuesto a darles su Santo Espíritu a los que se lo piden, de lo que un padre está en darles pan a sus hijos. Aquí no hay más remedio que creer que lo recibiremos cuando oremos por ello. Usted no tiene derecho a agregarle un *si*, y decir: "Señor, *si* es tu voluntad, danos tu Santo Espíritu". Eso es insultar a Dios. Agregar un *si* a la promesa de Dios, en donde Él no ha puesto ninguna cláusula equivalente, es acusar a Dios de no ser sincero. Es como decir: "Ah, Dios, si de verdad estás haciendo esas promesas, concédenos la bendición por la que oramos".

Cuando hay una promesa general en Las Escrituras, que puede aplicar razonablemente a su caso particular. Si su verdadero significado incluye la cosa particular por la que ora, o si puede aplicar razonablemente el principio de la promesa al caso, entonces tiene evidencia. Por ejemplo, suponga que este es un tiempo en que la maldad prevalece, y es guiado a orar por la intervención divina. ¿Qué promesa tiene? Esta: *"Porque vendrá el enemigo como río, mas el Espíritu de Jehová levantará bandera contra él"* (Isaías 59:19 RVR60). Aquí tiene una promesa general, que recalca un principio de la administración de Dios, el cual usted puede aplicar al caso que le concierne, como garantía para ejercitar su fe en oración. Y si se pregunta acerca del tiempo en el que Dios otorgará las bendiciones, en respuesta a las oraciones, tiene esta promesa: *"Todavía estarán hablando cuando ya los habré escuchado"* (Isaías 65:24).

Hay promesas generales y principios subyacentes en La Biblia, que los cristianos podrían hacer uso si solo *pensaran*. Cada vez que se encuentra en una circunstancia a la cual se aplica la promesa o el principio, debe usarla.

Yo puedo ir de una punta a la otra de La Biblia y encontrar una variedad asombrosa de textos que son aplicables como promesas, lo suficiente como para demostrar que en toda circunstancia en que un hijo de Dios se encuentre, Dios ha provisto en La Biblia alguna promesa, ya sea general o particular, la cual puede aplicarse y que encaja precisamente con ese caso.

Muchas de las promesas de Dios son tan amplias, que tienen el fin de abarcar muchas áreas. ¿Qué puede ser más amplio que la promesa en nuestro texto: *"Todo lo que pidiereis orando…"*? (Marcos 11:24, RVR60).

Ah, Señor Jesús, haz brillar la luz de tu Espíritu Santo en mi mente, a medida que te busco con diligencia y escudriño las Sagradas Escrituras, en busca de las promesas que tienes para mí y para el mundo que me rodea. Trae a mi mente aquellas cosas que he leído cuando estoy en tiempos de problemas y angustias, para que pueda orar justo con la aplicación de tus promesas a mis necesidades. Amén.

Ore por declaraciones proféticas

Otras evidencias de respuestas a la oración son:

Cuando hay alguna declaración profética de que su oración, es agradable a la voluntad de Dios. Cuando es claro por la profecía que un suceso ciertamente vendrá, no tiene otra alternativa más que creerla y hacer de ella un lugar para una fe especial en oración. Si el tiempo no está especificado en La Biblia, y no hay evidencia de parte de otras fuentes, no se supone que debemos creer que ocurrirá ahora o en un futuro cercano. Pero si el tiempo está especificado, o si se puede aprender estudiando las profecías y parece que ya ha venido, entonces los cristianos están en la obligación de entenderlo y aplicarlo haciendo oraciones de fe. Por ejemplo, tome el caso de Daniel respecto al regreso de los judíos de la cautividad. ¿Qué dice él? *"...yo, Daniel, logré entender ese pasaje de las Escrituras donde el Señor le comunicó al profeta Jeremías que la desolación de Jerusalén duraría setenta años"* (Daniel 9:2). Aquí él aprendió de libros; es decir, estudió Las Escrituras, y de esa manera entendió que la duración de la cautividad sería de setenta años.

¿Qué hizo entonces? ¿Se sentó sobre la promesa y dijo: "Dios ha prometido ponerle fin a la cautividad en setenta años y el tiempo ya ha expirado, por tanto no hay necesidad de hacer nada"? No. Él dijo: *"Entonces me puse a orar y a dirigir mis súplicas al Señor mi Dios. Además de orar, ayuné y me vestí de luto y me senté sobre cenizas"* (v. 3). Se puso a orar por el cumplimiento de la promesa. Oró en fe. ¿Pero qué debía creer? Lo que había aprendido de la profecía.

Hay muchas profecías en La Biblia que todavía no se han cumplido y que los cristianos deben entender, tanto como sean capaces de hacerlo, y luego hacer de ellas las bases de la oración. No piense, como algunos hacen, que porque algo está predicho en profecía, no es necesario orar por ello. Dios dice, con respecto de los hechos revelados en profecía: "Aún seré solicitado por la casa de Israel, para hacerles esto..." (Ezequiel 36:37, RVR60).

Señor, guía mi lectura de Las Escrituras para que pueda tener un mayor discernimiento de la verdad, para que pueda discernir las palabras de la profecía que se aplican a mi vida y en mi tiempo. Guíame en mis oraciones por el cumplimiento de tu Palabra, que pueda orar correctamente, que tus planes para el futuro sean alcanzados para tu gloria y honor, y para la salvación de muchos. Amén.

Cuando las señales indican
una bendición

Cuando las señales indican que hay una bendición particular a punto de ser otorgada, debemos creerlo. El Señor Jesucristo acusó a los judíos y los llamó hipócritas, porque ellos no entendían las indicaciones de la providencia. Podían entender las señales del tiempo y ver cuándo iba a llover y cuándo habría buen clima, pero no podían ver las señales de los tiempos, que había llegado el momento para que el mesías apareciera y construyera la casa de Dios.

Hay muchos profesores de religión, que siempre están tropezando y vacilando cuando se les propone hacer algo. Siempre dicen: "Todavía no ha llegado el tiempo"; mientras que otros, prestan atención a las señales de los tiempos y tienen discernimiento espiritual para entenderlas. Ellos oran en fe por las bendiciones y ellas vienen.

Cuando el Espíritu de Dios está en ti e inspira fuertes deseos por una bendición en particular, no tienes más que orar por ella en fe. Debes suponer que el hecho de que te sientes tan atraído a desear eso, implica que esos deseos son obra del Espíritu. A menos que sean motivadas por el

Espíritu de Dios, las personas no son aptas para desear cosas correctas.

El apóstol, en su epístola a los romanos, se refiere a esos deseos inspirados por el Espíritu, cuando dice: *"Así mismo, en nuestra debilidad el Espíritu acude a ayudarnos. No sabemos qué pedir, pero el Espíritu mismo intercede por nosotros con gemidos que no pueden expresarse con palabras. Y Dios, que examina los corazones, sabe cuál es la intención del Espíritu, porque el Espíritu intercede por los creyentes conforme a la voluntad de Dios"* (Romanos 8:26-27).

Entonces, si se encuentra fuertemente atraído a un deseo por cierta bendición, debe entender que es un presentimiento, que Dios está deseoso de conceder esa bendición, y usted debe creerla. Dios no juega con sus hijos. Él no pone dentro de ellos un deseo por algo en particular, para luego darse la vuelta y otorgárselo a otro, sino que incita los mismos deseos que está dispuesto a satisfacer. Y cuando ellos sienten esos deseos, deben seguirlos hasta que obtengan la bendición.

Amado Dios: Hazme más sensible a la vida que me rodea. Ayúdame a ver el mundo y a otras personas con mis ojos bien abiertos; abiertos a las posibilidades de servicio y salvación a través del trabajo y la oración que siempre está delante de mí. Hazme más sensible a la obra y el movimiento del Espíritu Santo en mi vida, para que pueda saber la diferencia entre los deseos del Espíritu y mis propios sentimientos de melancolía o depresión. Amén.

Las oraciones de fe
obtienen su objetivo

Toda la historia de la Iglesia muestra que cuando Dios responde las oraciones, le da a su pueblo lo mismo que estaban pidiendo. Dios confiere otras bendiciones, también, tanto a santos como a pecadores, sin que ellos las pidan en oración. Envía su lluvia sobre justos e injustos. Pero cuando Él *responde a la oración*, es haciendo lo que ellos le pidieron. Les concede no solo lo que piden, sino que a menudo conecta otras bendiciones con la petición.

Se infiere que la oración de fe obtendrá su objetivo, por el hecho de que nuestra fe descansa en la evidencia de que es la voluntad de Dios conceder una cosa en particular, no en la evidencia de que será concedida otra cosa. ¿Cómo podríamos tener evidencia de que obtendremos *esto* si nos fuera concedida *otra* cosa? Las personas con frecuencia reciben más que aquello por lo que oran. Salomón pidió sabiduría y Dios le concedió además, riquezas y honor. De modo que si alguien ora por la conversión de su cónyuge, y si eleva oraciones de fe, Dios puede no sólo concederle esa bendición, ¡sino además, convertir a los hijos y a toda la familia! Las bendiciones a veces parecen "agruparse", así que si un cristiano obtiene una, en realidad obtiene todas ellas.

Ah, Señor, estas palabras son difíciles de comprender. Ayúdame a pensar con más cuidado acerca de lo que puedo orar antes de correr al trono de la gracia. Ayúdame a sopesar con prudencia las promesas de Las Escrituras y las declaraciones proféticas, las señales de los tiempos y el gemir del Espíritu, para poder orar la oración de fe basado en la evidencia que está delante de mí. Dime, Padre, cuando he fallado al no orar la oración de fe, para poder ver con más claridad las respuestas acertadas a mis oraciones. Amén.

Cómo orar una oración de fe

Usted debe *obtener evidencia de que Dios le concederá las bendiciones.* ¿Cómo se preparó Daniel para ofrecer la oración de fe? Escudriñó en Las Escrituras. Ahora bien, usted no puede dejar su Biblia reposando en un estante y después pretender que Dios le revele sus promesas. "Escudriñe Las Escrituras" y vea dónde puede tomar una promesa general o particular, o una profecía, sobre el lugar en donde puede poner la planta de su pie. Recorra La Biblia y hallará muchas preciosas promesas que luego puede suplicar en fe.

Yo podría nombrar a muchos individuos que se han aplicado a examinar La Biblia sobre este tema y han sido llenos con el espíritu de la oración. Ellos descubrieron lo que Dios quería decir en sus promesas, del mismo modo en que una persona simple y con sentido común entendería lo que significan. Le recomiendo que lo intente. Usted tiene Biblias. Busque en ellas y cada vez que encuentre una promesa que pueda usar, concéntrese en ella antes de seguir adelante. Usted no recorrerá el Libro de Dios sin descubrir que todo lo que Él dijo, lo dijo en serio.

Aprecie los buenos deseos que tiene. A menudo, los cristianos dejan escapar sus buenos deseos por no prestarles atención, y luego sus oraciones son meras palabras sin ningún deseo o fervor en absoluto. El más pequeño anhelo o deseo debe ser apreciado. Si tiene al menos un deseo de una bendición, aun si fuere pequeño, no lo desprecie. No pierda los buenos deseos por frivolidad, espíritu crítico o mentalidad mundana. Observe y ore.

Señor Jesús, deseo conocer tu Palabra y deseo leerla con inteligencia y aplicarla a mi vida. Cuando ore la oración de fe, lléname con la frescura de tu Espíritu para que pueda anhelar tomar Las Escrituras y escuchar las maravillosas palabras de vida que hay en ellas. Amén.

Consagre su vida entera a Dios

Para la oración de fe *es indispensable* una consagración completa a Dios. Usted puede vivir una vida santa y consagrar por entero a Dios –su tiempo, talento, influencia– todo lo que tiene y todo lo que es, para ser suyo completamente. Lea las vidas de los hombres piadosos y quedará sorprendido por el hecho de que ellos solían apartar tiempos para renovar su pacto y dedicarse nuevamente a Dios. Cada vez que lo hacían, las bendiciones les seguían inmediatamente. Si yo tuviera las obras de Jonathan Edwards aquí, podría leer pasajes demostrando cómo Dios respondía a la oración por su completa dedicación.

Debe perseverar. No debe orar por algo una vez y luego cesar, y llamarle a eso oración de fe. Mire a Daniel. Él oró durante veintiún días y no paró hasta que hubo obtenido la bendición. Afirmó su corazón y su rostro ante el Señor para buscarlo en oración y súplica, con ayuno, cilicio y cenizas. Esperó tres semanas y luego vino la respuesta. ¿Por qué no llegó antes? Dios había enviado un arcángel trayendo el mensaje, pero el diablo lo había estorbado todo este tiempo.

Vea lo que Cristo dice en la parábola del juez injusto y en la de los panes. ¿Qué nos enseña por medio de ellas? Que

Dios nos dará las respuestas a la oración cuando es insistente. *"¿Acaso Dios no hará justicia a sus escogidos, que **claman a él día y noche?**"* (Lucas 18:7).

Si ora en fe, tenga por seguro que está andando *con Dios día y noche.* Si lo hace, Él le dirá por lo que orar. Sea lleno de su Espíritu y Él le dará bastantes cosas por las que orar. Él le dará tanto del espíritu de la oración, como usted tenga fuerzas para soportar.

Señor, mi Dios y Salvador, me consagro a ti ahora mismo, a ti y a tu servicio: mi mente, corazón, tiempo y mis tesoros. Dedico mi vida a servirte en todas las maneras y a seguirte adonde me lleves. Me siento libre, ah Dios, sabiendo que tú me posees por completo y que me guiarás en las oraciones que deseas responder. Amén.

El Espíritu de la oración

¡Qué poca inconformidad hay, que la gente no se deja guiar lo suficiente por el Espíritu, para llevar a los cristianos a orar de acuerdo a la voluntad de Dios! Que nunca nos olvidemos que ningún cristiano ora correctamente, a menos que sea guiado por el Espíritu. El hombre tiene el poder natural de orar, y hasta donde la voluntad de Dios sea revelada, es capaz de hacerlo; pero nunca lo hará a menos que sea influenciado por el Espíritu; del mismo modo, los pecadores son capaces de arrepentirse, sólo si el Espíritu Santo los mueve a hacerlo.

Por qué necesitamos al Espíritu Santo

Él intercede por los santos. *"…el Espíritu mismo intercede por nosotros"* y *"en nuestra debilidad el Espíritu acude a ayudarnos"* (Romanos 8:26). Ayuda a los cristianos a orar *"conforme a la voluntad de Dios"* (v. 27) o por las cosas que Dios desea que oren.

Lo necesitamos por causa de nuestra ignorancia. Porque no sabemos muy bien por lo que debemos orar. Somos tan ignorantes de la voluntad de Dios revelada en La Biblia y de su voluntad no revelada, que debemos aprenderlo por su providencia. Las personas son ampliamente ignorantes, tanto de las promesas como de las profecías de La Biblia, y están ciegas a la providencia de Dios. Y aun están en más oscuridad sobre los puntos en los que Dios no ha dicho nada, excepto a través de la guía de su Espíritu. Yo las he llamado las cuatro fuentes de la evidencia en las cuales afirmar la fe en la oración: promesas, profecías, providencias y el Espíritu Santo. Cuando todos los otros medios fallan en llevarnos al conocimiento de lo que debemos orar, el Espíritu lo hace de manera efectiva.

Él ora por nosotros agitando nuestros sentidos. No es que Él inmediatamente nos sugiere palabras o guía nuestro lenguaje, sino que ilumina nuestras mentes como para que la verdad se aferre a nuestra alma. Nos lleva a una profunda consideración de los temas actuales, del estado de la Iglesia y la condición de los pecadores. El resultado natural y filosófico es un sentimiento profundo. Cuando el Espíritu trae la verdad a la mente del hombre, solo hay una manera en la cual él puede impedir sentirla en lo profundo: desechando esos pensamientos y permitiendo a su mente pensar en cualquier otra cosa.

Ah Dios, envía el poder de tu Espíritu Santo a mi vida. Inquiétame sobre las cosas por las que debo orar. Guíame a permanecer en aquellas cosas que potenciarán mis sentimientos y traerán amor y compasión por los que necesitan conocer tu salvación. Que yo sienta un amor más profundo por la Iglesia y busque orar por el cumplimiento de su misión. Amén.

El Espíritu Santo y Las Escrituras

Es el Espíritu Santo el que guía a los cristianos a entender y aplicar las promesas de Las Escrituras. Es asombroso que, en ninguna época, los cristianos hayan sido plenamente capaces de aplicar las promesas de Las Escrituras a los hechos de la vida. Esto no se debe a que las promesas sean oscuras en sí mismas, sino a que siempre ha habido una increíble disposición a pasar por alto Las Escrituras como fuente de luz respecto a los eventos pasajeros de la vida.

¡Qué asombrados estaban los apóstoles ante las aplicaciones de Cristo de muchas profecías acerca de sí mismo! Ellos parecían estar todo el tiempo listos para exclamar: "¿Cómo puede ser? ¡Nunca antes lo habíamos entendido!". ¿Quién que haya sido testigo de la manera en que los apóstoles, influenciados e inspirados por el Santo Espíritu, aplicaban los pasajes del Antiguo Testamento a los tiempos del evangelio, no se ha sorprendido ante la riqueza de significado que ellos hallaban en Las Escrituras? Así ha sido también con muchos otros cristianos: mientras que se comprometían profundamente en oración, veían pasajes que nunca antes habían pensado que poseían una aplicación tan apropiada.

A menudo ocurre con los profesores de religión que oran por sus hijos. A veces oran y están en oscuridad y duda, sintiendo que no hay fundamento para la fe y no hay promesas especiales para los hijos de los creyentes. Pero mientras están suplicando, Dios les muestra el significado pleno de alguna promesa y sus almas descansan en ella, como en su brazo poderoso.

Una vez escuché de una viuda que estaba muy preocupada por sus hijos, hasta que este pasaje llamó poderosamente su atención: *"¡Abandona a tus huérfanos, que yo les protegeré la vida! ¡Tus viudas pueden confiar en mí!"* (Jeremías 49:11). Ella vio que ese pasaje tenía un significado extendido y pudo aferrarse a él como si fuera con sus manos. Ella prevaleció en oración y sus hijos se convirtieron. El Espíritu Santo fue enviado al mundo por el Salvador, para guiar a su pueblo, para instruirlos y traerles a la memoria las cosas, así como también para convencer al mundo de pecado.

Ven, Santo Espíritu, ven como la luz de la mente y el fuego del corazón. Mientras me sumerjo en la santa Palabra de Dios, mientras me esfuerzo por aplicar las promesas de Dios a mi vida, ilumíname respecto a aquellas verdades que están escondidas de mi vista por mi falta de concentración y memoria frágil. Cuando llevo mis problemas y mis gozos delante de mi Padre, comparte conmigo las palabras de vida que fueron escritas hace tanto tiempo. Amén.

El Espíritu Santo y la salvación

El Espíritu Santo conduce a los cristianos a desear y a orar por cosas de las cuales no hay nada dicho específicamente en La Palabra de Dios. Tome el caso de un individuo particular. Que Dios está dispuesto a salvar es una verdad general. También es una verdad general que Él está dispuesto a contestar la oración. ¿Pero cómo sé la voluntad de Dios respecto de una persona en particular, si puedo orar en fe o no, por su conversión y salvación? Aquí la ayuda del Espíritu viene a guiar la mente de la gente de Dios, para que oren por almas específicas, y en aquellos tiempos en que Dios está preparado para bendecirlos. Cuando no sabemos por lo que orar, el Espíritu Santo guía la mente a concentrarse en la persona, considerar la situación, comprender su valor, y sentir por ella y orar "con dolores de parto" hasta verla convertida.

Conocí a alguien que solía hacer listas de personas por las cuales estaba especialmente preocupado, y he tenido la oportunidad de conocer una cantidad de personas por las que él se interesó y que se convirtieron inmediatamente. Lo he oído orar por gente en su lista, cuando estaba literalmente en agonía por ellos, y he sabido que algunas veces ha llamado a alguien pidiendo ayuda en oración por alguno en particular. Supe que su mente se enfocaba en algún individuo con un carácter endurecido y una vida disipada, que no podría ser alcanzado en una manera común. De esta forma, el Espíritu de Dios guía a los cristianos a orar por cosas que, habitualmente, no serían parte de su oración; los lleva a orar por motivos que son "conforme a la voluntad de Dios".

La verdad lisa y llana del asunto es que el Espíritu guía a un hombre a orar; y si Dios guía a un hombre a orar por un individuo, la conclusión que extraemos de La Biblia es que Dios diseña salvarlo. Si descubrimos, comparando nuestro estado mental con La Biblia, que somos guiados por el Espíritu a orar por un individuo, tenemos buenas evidencias para creer que Dios está preparado para bendecirlo.

Querido Padre celestial: Dame la vida y la salvación; oro en este día que me reveles, en el poder de tu Santo Espíritu, si hay una persona que está en necesidad de salvación o del toque sanador de tu mano amorosa. No entiendo completamente el misterio por el cual buscas salvar a otros por medio de mis oraciones y la verdad que proclamo (o la que otros proclaman), pero sí sé que tu deseas que yo sea un colaborador con tus hijos. Amén.

El Espíritu Santo y la providencia

El Espíritu Santo les da a los cristianos un discernimiento espiritual respecto a los movimientos y avances de la providencia. Los cristianos devotos de la oración, frecuentemente ven estas cosas con tanta claridad y las ven mucho más adelante, como para no tropezar con ellas. Ellos a veces parecen profetizar. Sin duda, las personas pueden ser engañadas, y a veces de hecho lo son, cuando se apoyan en su propio entendimiento o cuando piensan que están siendo guiadas por el Espíritu Santo. Pero no hay dudas de que un cristiano puede aprender a discernir con claridad las señales de los tiempos, como para entender por medio de la providencia qué esperar y, por lo tanto, qué orar en fe. Por eso, con frecuencia, son guiados a esperar un avivamiento, y orar por ello en fe, cuando nadie más puede ver la más mínima señal.

Recuerdo a una mujer en Nueva Jersey, que vivía en un lugar donde había habido un avivamiento. Ella era muy positiva respecto a que iba a ocurrir otro avivamiento. Quería organizar "conferencias", pero el ministro y los ancianos no veían nada que alentara tal cosa y no harían nada al respecto. Convencida de que estaban ciegos a las perspectivas, ella siguió adelante y contrató a un carpintero para que hiciera asientos para ella, porque decía que tendría reuniones en su hogar; tenía una certeza de que el avivamiento vendría. Casi no acababa de abrir las puertas para las reuniones, cuando el Espíritu de Dios vino con gran poder y los miembros de iglesia que estaban adormecidos, se encontraron, de repente, rodeados por pecadores arrepentidos. Solamente podían decir: *"En realidad, el Señor está en este lugar, y yo no me había dado cuenta"* (Génesis 28:16).

La razón por la cual la gente como esta mujer entiende las indicaciones de la voluntad de Dios, no es la sabiduría superior que está en ellos, sino el Espíritu de Dios que los guía a ver las señales de los tiempos. Esto no es sólo por revelación, sino por la convergencia de circunstancias en un solo punto, que producen en ellos una expectativa confiada de un resultado certero.

Querido Padre: Guíame por el poder de tu Espíritu Santo a ver tu mano guiándome en los sucesos diarios de mi vida y en los hechos cotidianos de mi comunidad y del mundo. Trae avivamiento a mi corazón, hogar, iglesia y comunidad. Ayúdame a ver las señales de ese avivamiento. Que pueda estar dispuesto a hacer lo que sea necesario; a pesar de la oposición, que pueda llevar a otros al compromiso y al conocimiento de Jesús. Amén.

Distinguir al Espíritu Santo

No debemos esperar sentir nuestras mentes en contacto directo físico con Dios. Si bien tal cosa puede darse, sabemos que Dios en ningún modo puede ser conocido o sentido. Sabemos que ejercitamos nuestras mentes con libertad, y que nuestros pensamientos están en concordancia con lo que estimula nuestros sentimientos. Pero no debemos esperar un milagro, como si fuéramos conducidos físicamente por una mano, o como si algo susurrara a nuestros oídos, o cualquier otra manifestación milagrosa de la voluntad de Dios.

Con frecuencia, las personas contristan al Espíritu porque no lo buscan y atesoran su influencia. Los pecadores lo hacen por ignorancia. Ellos suponen que si estuvieran bajo convicción del Espíritu Santo, tendrían ciertos sentimientos misteriosos o serían sacudidos de un modo que no podrían confundir con otra cosa que no fuera el Espíritu de Dios.

Muchos cristianos son tan ignorantes acerca de las influencias del Espíritu y han pensado tan poco en tener su ayuda en oración, que cuando tienen esas influencias no las conocen y, por tanto, no se rinden ante ellas. No sienten nada inusual en esos casos, solo la inquietud de sus mentes o el conocimiento de que sus pensamientos son intensamente abocados a un cierto tema.

Los cristianos, con frecuencia, son innecesariamente desviados y afligidos en este punto, por temor de no tener el Espíritu de Dios. Sienten intensamente, pero no saben qué es lo que los hace sentir así. Están afligidos por los pecadores, pero piensan que deberían estarlo, considerando la condición de los pecadores. La verdad es que el mismo hecho de que estén *pensando* en ellos, es una evidencia de que el Espíritu de Dios los está guiando.

La mayor parte del tiempo, esos pensamientos no les afectan. Saben que su salvación es igualmente importante, pero están bastante relajados y su mente está por completo en oscuridad y libre de cualquier sentimiento por los pecadores.

Pero cuando el Espíritu está obrando, aunque sus pensamientos puedan estar ocupados en otras cosas, piensan, oran y sienten con intensidad por ellos. Ahora casi todo pensamiento es: "Dios, ¡ten misericordia de ellos!".

Uno puede preguntar qué es lo que lleva a una mente a ejercitar sentimientos benevolentes hacia los pecadores y a agonizar en oración por ellos. ¿Qué otra cosa puede ser sino el Espíritu de Dios? Ningún espíritu maligno guiaría a alguien a hacer tal cosa. Si sus sentimientos son verdaderamente benevolentes, considere que es el Espíritu Santo quien lo está guiando a orar por cosas conforme a la voluntad de Dios.

Amado Padre celestial: A menudo he esperado que hagas más de lo necesario para convencerme de que poseo tu Espíritu Santo o, más bien, de que tu Espíritu me posee a mí. Ayúdame a dirigir mis pensamientos y sentimientos a lo largo de sendas constructivas, haciéndome preocupar por la edificación de tu Reino y la ministración a los perdidos. A través de pensamientos y acciones amorosas, permíteme reconocer al Espíritu en mi vida. Amén.

El Espíritu Santo ilumina nuestra mente

Pruebe los espíritus por medio de La Palabra. Las personas a veces son desviadas por fantasías extrañas e impulsos repentinos. Si los compara con La Biblia, nunca será engañado. Usted siempre puede saber si sus sentimientos son producidos por las influencias del Espíritu, al comparar sus deseos con el espíritu y tono de la religión, tal como está descrito en La Biblia. *"Queridos hermanos, no crean a cualquiera que pretenda estar inspirado por el Espíritu, sino sométanlo a prueba para ver si es de Dios"* (1 Juan 4:1).

Hay un tipo de mentalidad que en épocas de gran entusiasmo –especialmente cuando hay una buena cantidad de predicación sobre la necesidad y realidad de las influencias divinas, el espíritu de la oración, ser guiados por el Espíritu y ser llenos del Espíritu– es muy proclive a ceder al impulso. Este tipo de personas confunden la forma verdadera en la que el Espíritu de Dios influye la mente, y no comprenden que Él ilumina la inteligencia y guía al cristiano que está bajo su influencia, a ser eminentemente racional y razonable en cuanto a sus opiniones y acciones. Ellos buscan al Espíritu para que les dé impresiones directas sobre sus emociones, en vez de buscarlo para que ilumine sus mentes. Por lo tanto, están llenos de impresiones.

Con frecuencia, Satanás tiene éxito transformándose en un ángel de luz, persuadiéndolos a entregarse a impulsos e impresiones; y desde ese momento en más, los tiene cautivos a su voluntad.

Como regla general, recalco que la influencia de Satanás en estas cosas, puede distinguirse de la influencia del Espíritu Santo por esto: una mera impresión de que debe hacer algo, ir y conversar con cierta persona, o ir a este o aquel lugar. Esto no debería tenerse en cuenta. Cuando el Espíritu de Dios guía a un individuo a tomar interés en un particular, sentir una compasión singular en oración y esforzarse por una determinada persona, se puede confiar con toda seguridad en esta influencia.

Si se encuentra atraído a una oración poderosa por ciertos individuos, consumido con gran compasión, agonizando con fuertes gemidos y lágrimas por cierta familia, vecindario o personas, ríndase ante tal influencia.

Señor Jesús, a veces soy egoísta y quiero experimentar cosas por el propio gusto, quiero sentir al Espíritu con el fin de sentirme bien, reafirmarme a mí mismo o a mi salvación, o que me guíe a algún lugar o persona exótica. Ayúdame a ser dirigido hacia las necesidades de los que me rodean y del mundo. Ayúdame a sentir amor y compasión por los necesitados física y espiritualmente. Ayúdame a hallar maneras inteligentes y amorosas de suplir esas necesidades, y así sabré que soy guiado por el Espíritu. Amén.

Recibir la influencia del Espíritu Santo

Debe buscar al Espíritu Santo con oración ferviente y llena de fe. Cristo dice: *"Pues si ustedes, aun siendo malos, saben dar cosas buenas a sus hijos, ¡cuánto más el Padre celestial dará el Espíritu Santo a quienes se lo pidan!"* (Lucas 11:13).

¿Alguien dice: "He orado por algo y no llega"? Es porque no ha orado correctamente o con las motivaciones adecuadas. *"Y cuando piden, no reciben porque piden con malas intenciones, para satisfacer sus propias pasiones"* (Santiago 4:3).

Un supuesto creyente y miembro principal de una iglesia, una vez le preguntó a un ministro qué opinaba de su situación. Había estado orando semana tras semana por el Espíritu y no había hallado ningún beneficio en ello. El ministro le interrogó sobre cuál era su motivación para tal oración. Él respondió que "quería ser feliz". Sabía que los que tenían el Espíritu eran gente feliz y quería disfrutar la vida como ellos lo hacían. ¡El diablo mismo puede orar así! Eso es puro egoísmo.

Si ha encontrado una manera de inquietar su mente sobre un tema, enfóquese en eso. Si ora por el Espíritu y luego pone su mente en otras cosas, está tentando a Dios. Sería un milagro recibir aquello por lo que ora en ese estado. Dios no va a derramar una bendición en respuesta a la oración sobre alguien que no tiene interés.

Debe vigilar en oración. Aguarde una respuesta y espérela. Las personas a veces oran, pero no prestan atención para ver si la misma es concedida.

Sea cuidadoso en no contristar al Espíritu de Dios. Confiese y renuncie a sus pecados. Dios nunca lo guiará como a uno de los suyos si no confiesa y se aparta del pecado. Y no esté siempre confesando solamente, sino que debe confesar y abandonarlo. Y hacer enmiendas toda vez que haya cometido un daño a otro.

Propóngase obedecer a la perfección la ley escrita. En otras palabras, no tenga comunión con el pecado. Propóngase estar completamente por encima del mundo: *"Por tanto, sean perfectos, así como su Padre celestial es perfecto"* (Mateo 5:48). Si peca, que sea su lamento diario. El hombre que no apunta a esto, tiene la intención de vivir en pecado. Tal persona no puede esperar la bendición de Dios, porque no es sincera en su deseo de guardar sus mandamientos.

Ven, Espíritu Santo, habita en mi vida e influénciame con tus impulsos suaves en mi mente y corazón. Confieso que he deseado conocerte por razones egoístas, y abandono ahora todo deseo egocéntrico por ti. Sólo te pido que pueda conocerte para glorificar a Jesucristo en mi vida, y que pueda llevar a otros a conocerte y aceptar el camino para la salvación. Amén.

La oración y la Iglesia

Hay tres clases de personas en la Iglesia, que son propensas a errar o que se han negado a reconocer la verdad sobre este tema.

Primero, están los que se apoyan demasiado en la oración y no usan otro medio. Se alarman ante cualquier forma especial de promover el avivamiento y hablan acerca de los que lo hacen como que están "armando un avivamiento".

Segundo, están los que usan la oración, así como también otros medios, pero nunca piensan en las influencias del Espíritu Santo en la oración. Hablan sobre la oración *para* el Espíritu, y sienten la importancia del mismo en la conversión de los pecadores, pero no comprenden su vital importancia en la oración. Sus oraciones son frías recitaciones, nada que alguien pueda sentir, mucho menos alcanzar a Dios.

Tercero, están los que tienen extrañas nociones sobre la soberanía de Dios y aguardan que Él convierta al mundo, sin la oración o cualquier otro medio.

¿Se entregará a la oración y vivirá de tal modo, como para recibir el espíritu de la oración y el Espíritu Santo en todo tiempo? ¡Clamemos por una Iglesia que ora! Una vez conocí a un ministro que tuvo avivamiento catorce inviernos seguidos. No sabía cómo eso sería posible, hasta que vi a uno de sus miembros levantarse en una reunión de oración y hacer una confesión. "Hermanos", dijo, "he pasado mucho tiempo en el hábito de orar cada sábado por la noche, hasta después de la medianoche, para que el Espíritu descendiera en medio de nosotros. Y ahora, hermanos –y comenzó a llorar– confieso que no lo he hecho por dos o tres semanas." El secreto había sido revelado. Ese ministro tenía una iglesia que oraba.

En mi estado actual de salud, no puedo orar tanto como lo he hecho siempre, pero todavía continúo predicando. Eso me quita todas las fuerzas. Ahora bien, ¿me dedicaré a la oración y dejaré de predicar? No puedo hacerlo. Entonces le pido a los que tienen salud que se consagren a esa obra, lleven esta carga y se entreguen a la oración hasta que Dios derrame sus bendiciones sobre nosotros.

Querido Dios, santo, amoroso y misericordioso: Deseo orar correctamente con todo mi corazón. Hay tantas cosas que debo aprender y digerir si mis oraciones han de ser tan efectivas como sea posible. Sé que oyes hasta la más débil oración del pecador, pero todavía debe venir un gran poder para avivamiento y extensión del evangelio, a través de las oraciones inteligentes e influenciadas por el Espíritu que elevan tus santos. Que pueda yo orar la oración de un santo y no del débil pecador, que tu Reino venga sobre esta Tierra como es en el cielo. Amén.

Sea lleno del Espíritu

Quiero mostrarle que si vive sin
el Espíritu, no tiene excusas.
La obligación de llevar a cabo
la obra, nunca descansa sobre
la condición de que tendremos
la influencia del Espíritu, sino
en los poderes del agente moral.
Como agentes morales, tenemos
el poder de obedecer a Dios y
somos perfectamente capaces
de hacerlo, y la razón por la
que no lo hacemos, se debe a
la falta de disponibilidad.

Puede y debe tener el Espíritu Santo

Usted debe tener el Espíritu Santo, no porque es cuestión de justicia para Dios darle su Espíritu, sino porque Él ha *prometido* darle su Espíritu a quienes se lo piden: *"Pues si ustedes, aun siendo malos, saben dar cosas buenas a sus hijos, ¡cuánto más el Padre celestial dará el Espíritu Santo a quienes se lo pidan!"* (Lucas 11:13). Si pide el Espíritu Santo, Dios ha prometido responderle.

Pero le repito, Dios ha *ordenado* que usted tenga el Espíritu. Dice en el texto: *"Sean llenos del Espíritu"* (Efesios 5:18). Cuando Dios nos manda hacer una cosa, es la mayor evidencia posible de que *podemos* hacerlo. Que Dios ordene algo, equivale a un juramento de que podemos hacerlo. No tiene derecho a ordenarlo, a no ser que nosotros tengamos el poder de obedecerlo. No nos quedaríamos cortos si llegáramos a la conclusión de que Dios es un tirano, si nos ordena hacer algo que es impracticable.

Por lo tanto, *es su deber ser lleno del Espíritu*, porque tiene una promesa para ello y Dios lo ha ordenado. Y ser lleno es esencial para su crecimiento en la gracia. Es tan importante como santificarse, y tan necesario como ser útil y hacer el bien en este mundo. Si no tiene el Espíritu Santo en usted, deshonrará a Dios, desacreditará a la Iglesia y, finalmente, se perderá.

Querido Padre celestial: Tiendo a dar mi fe por sentado. No entiendo la importancia de los dones que quieres confiarme para la causa de tu Reino y mi salvación. Sé que quieres que sea un colaborador contigo, y estoy asombrado y humillado ante tal honor y responsabilidad. En estos días próximos, guíame y lléname para que pueda hacer un servicio santo a ti por el poder del Espíritu. Amén.

Qué le impide ser lleno

Tal vez sea que vive una vida de hipocresía. Sus oraciones no son fervientes y sinceras. No sólo es su religión una simple exhibición sin corazón, sino que además, no es sincero en sus relaciones con los demás. Por lo tanto, hace muchas cosas para contristar al Espíritu y Él no puede habitar en usted.

Otros viven con tanta liviandad, que el Espíritu no puede habitar en ellos. El Espíritu de Dios es solemne y serio, y no morará con los que le dan rienda suelta a la frivolidad.

También están aquellos que son tan orgullosos, que no pueden tener el Espíritu. ¡Y esas personas pretenden saber por qué razón ellos no "disfrutan" de la religión!

Algunos son tan mundanos, aman tanto las propiedades y trabajan tan duro para enriquecerse, que no cabe la posibilidad de que tengan el Espíritu. ¿Cómo puede Él habitar en ellos, cuando todos sus pensamientos están puestos en las cosas del mundo y todos sus poderes enfocados en procurar las riquezas? Y cuando hacen dinero, están perturbados, porque la conciencia los puede llegar a presionar para que realicen con él algo para la conversión de los perdidos.

Otros, no confiesan ni abandonan *totalmente* sus pecados y así no pueden disfrutar la presencia del Espíritu Santo.

Confiesan los pecados en términos generales, tal vez, y están listos para reconocer siempre que son pecadores, pero lo hacen con reserva, con orgullo, en lo oculto, como si tuvieran temor de decir más de lo necesario.

Muchos están negándose a algún deber que saben que deben realizar, y esa es la razón por la que no tienen el Espíritu. Si se ha rehusado a una tarea que sabe que tiene que hacer, y por eso ha perdido el espíritu de la oración, debe rendirse primero en esa área. Dios tiene una contienda con usted. Él nunca se rendirá o le dará su Espíritu hasta que se arrepienta.

Quizás ha resistido al Espíritu de Dios, y tiene el *hábito* de resistirlo. Resiste la convicción también. Muchos están deseosos de escuchar una predicación directa siempre y cuando puedan aplicarla a otras personas.

El hecho es que usted, *en general*, no desea al Espíritu. Esto es cierto en todos los casos en que las personas no tienen al Espíritu Santo. Nada es más común para las personas, desear algo, que normalmente no elegirían.

Tal vez no ora por el Espíritu; u ora y no usa otros medios, u ora y no actúa consistentemente con sus oraciones. O usa medios calculados como para resistir sus oraciones. O pide, y tan pronto como Él viene y comienza a afectar su mente, lo contrista y no camina a su lado.

Ah Dios, que pueda tomar el tiempo para examinarme a mí y las motivaciones de mi conducta y el deseo del Espíritu. Hay muchas cosas que no estaría dispuesto a abandonar por el Espíritu, y estoy tan ciego a esas faltas que entristecen al Espíritu de Dios y lo alejan. Haz brillar la luz de tu verdad sobre mi vida, mientras me ocupo en la adoración pública, la lectura de tu Palabra, la oración y el servicio. Alerta mi conciencia para que pueda ver lo que me tiene vacío espiritualmente, y fortaléceme para poder conformar mi vida a tu voluntad. Amén.

Los resultados de ser lleno

Si usted está lleno del Espíritu, puede ser que lo llamen excéntrico, y tal vez se lo merezca. Nunca conocí a una persona llena del Espíritu que no fuera llamada algo parecido a eso. Y la razón es que tales personas no son iguales que los demás.

Hay buenos motivos por los que las personas pueden parecer excéntricas. Ellos actúan bajo circunstancias diferentes, tienen una visión diferente y son movidos por motivaciones diferentes. Uno debe esperar comentarios así.

Hay algo así como una excentricidad afectada. ¡Horrible! Pero también hay algo así como estar profundamente embebido con el Espíritu de Dios, de modo que uno puede y debe actuar de tal modo, que parece extraño a los que no pueden entender las razones de su conducta.

Si tiene mucho del Espíritu de Dios, es probable que muchos piensen que es un trastornado. Juzgamos a los hombres, cuando son distintos a lo que pensamos que debe ser la prudencia y el sentido común, y cuando llegan a conclusiones para las que nosotros no vemos razones. Ante aquellos que no tienen espiritualidad, muchos parecen estar locos. Con todo, los acusados veían buenas razones para hacer lo que hicieron. Dios los estaba guiando a actuar de tal modo, que los que no son espirituales no podían verlo como normal.

Si tiene el Espíritu de Dios, debe esperar grandes angustias en vistas de la condición de la Iglesia y del mundo. Algunos expertos espirituales piden el Espíritu porque piensan que los hará felices. Algunos creen que los cristianos espirituales siempre están libres de tristeza. Nunca hubo un error más grande.

Lea su Biblia y vea cómo los profetas y apóstoles siempre estaban aquejados por el estado de la Iglesia y del mundo. El apóstol Pablo dijo que *"siempre llevamos en nuestro cuerpo la muerte de Jesús"* (2 Corintios 4:10). *"Que cada día muero, hermanos"*, decía (1 Corintios 15:31).

Usted sabrá lo que es compadecerse del Señor Jesucristo y ser bautizado en el bautismo en que Él fue bautizado. Cuanto más tenga de su Espíritu, más claramente verá el estado de los pecadores y más profundamente se angustiará por ellos.

Señor Jesús: Que no sea temeroso, sino que pida con valentía el derramamiento del Espíritu Santo en mi vida. Que no tenga temor o retroceda ante las acusaciones o ridiculización de los demás, sino que esté dispuesto a levantarme por tu Reino. Ayúdame a ver con claridad y saber que el Espíritu me guiará hacia una mayor sabiduría y amor, aunque tu sabiduría y amor puedan parecer una necedad a este mundo.

El Espíritu Santo y el conflicto

Si tiene mucho del Espíritu de Dios, debe afirmar su mente ante la oposición, tanto por parte de la Iglesia como del mundo. Muy probablemente los líderes de la Iglesia se le opondrán. Así fue con Cristo cuando estuvo en la Tierra. Si usted está muy por encima de su estado espiritual, los miembros de la Iglesia se le opondrán. *"Así mismo serán perseguidos todos los que quieran llevar una vida piadosa en Cristo Jesús"* (2 Timoteo 3:12). Con frecuencia, los ancianos e incluso el ministro, se le opondrán si está lleno del Espíritu de Dios.

Puede esperar conflictos frecuentes y agonizantes con Satanás. Satanás tiene muy poco problema con aquellos cristianos que no son espirituales, sino tibios, flojos y mundanos. Y esos no tienen el concepto de lo que es el conflicto espiritual.

Pero Satanás entiende muy bien que los cristianos espirituales le están haciendo un gran daño; por lo tanto, él se pone en contra de ellos. Tales cristianos a menudo tienen terribles conflictos. Tienen tentaciones que nunca antes pensaron: pensamientos blasfemos, ateísmo, sugerencias de hacer cosas malvadas, de destruir sus vidas, y cosas por el estilo. Y si usted es espiritual puede esperar esos conflictos.

Tendrá conflictos mayores consigo mismo, de los que nunca antes pensó. A veces encontrará que su propia corrupción, hace extraños avances contra el Espíritu. *"Porque el deseo de la carne es contra el Espíritu, y el del Espíritu es contra la carne"* (Gálatas 5:17, RVR60). Un cristiano así, frecuentemente es consternado por el poder de su naturaleza pecaminosa.

Querido Padre celestial: Mis expectativas de la vida cristiana eran tan radicalmente distintas de lo que experimenté una vez que comencé a tomarte en serio, que estaba confundido y dudoso de la sustancia de mi fe. Ayúdame a orar por aquellos que se me oponen, y permíteme guardar silencio, excepto aquellas veces que sea motivado por un espíritu de amor e inteligencia. Que no ataque a otros, porque Satanás está atacándome a mí. Amén.

El estado del ministerio

A menudo será contristado por el estado del ministerio. Algunos años atrás conocí a una mujer que pertenecía a una de las iglesias de esta ciudad. Le pregunté por el estado de la religión allí. Parecía renuente a decir mucho, hizo algunos comentarios generales y luego se le hizo un nudo en la garganta, sus ojos se llenaron de lágrimas y dijo: "¡La mente de nuestro ministro está muy oscura!".

Los cristianos espirituales, con frecuencia, se sienten así y lloran por eso. He conocido cristianos que lloraron y gimieron en secreto al ver la apatía de los ministros respecto a la religión, mundanalidad y temor del hombre; pero no se atreven a hablar de ello a menos que sean denunciados y amenazados y tal vez echados de la iglesia.

No digo esto en forma censuradora para reprochar a mis hermanos, sino porque es verdad. Los ministros deben saber que nada es más común para los cristianos espirituales, que sentirse cargados y angustiados ante el estado del ministerio.

Esta es una de las maldades más prominentes y deplorables de este tiempo. La *piedad* del ministro, aunque *real*, es tan superficial en muchos casos, que la gente espiritual de la iglesia, siente que los ministros no se compadecen de ellos.

La predicación no suple sus necesidades, no los alimenta. Los ministros no tienen la suficiente profundidad en su experiencia religiosa, como para saber en qué forma despertar a la Iglesia, cómo ayudar a los que están bajo tentación, apoyar a los débiles y dirigir a los fuertes.

Cuando un ministro ha llevado a una iglesia tan lejos como él ha llegado en sus experiencias espirituales, se detiene. Y hasta que haya renovado su experiencia o su corazón se abra nuevamente para recibir más, y esté avanzando en la vida y experiencia cristiana, no será de ayuda real a nadie más.

Puede predicar una doctrina sana –como también un ministro inconverso puede hacerlo– pero su predicación carecerá de esa búsqueda penetrante, de esa orientación práctica y de la unción que solamente alcanzará a los cristianos con mentalidad espiritual.

Es un hecho, por el cual la Iglesia está en lamentación, que la piedad de los hombres jóvenes sufre tanto en el curso de su educación, que cuando entran al ministerio, a pesar del gran bagaje espiritual que poseen, están en un estado de "infancia" espiritual. Quieren leche; necesitan ser alimentados, en vez de comprometerse a alimentar a la Iglesia de Dios.

Los ministros también gimen, luchan y se desgastan en vano tratando de hacer el bien, donde solo hay gente que no tiene el Espíritu de Dios. Si el Espíritu *fuera* derramado, la Iglesia seguramente lo echaría. Esta clase de situación ata las manos y rompe el corazón de un ministro, lo agota, y en algunos casos lo mata, porque su gente no está llena del Espíritu.

Señor Jesús: Me angustio por el estado del ministerio, los laicos y la Iglesia, en donde hay mortandad espiritual y apatía. Yo oro particularmente por un ministro convertido que predique el evangelio de Jesucristo porque es verdad, y que ore por el derramamiento y la influencia del Espíritu Santo en las vidas de cada persona para hacer efectiva la verdad. Que el ministerio se caracterice por una vida santa y devota, como ejemplo a los cristianos y a los inconversos por igual. Amén.

Las bendiciones de ser lleno

Si es lleno del Espíritu tendrá paz con Dios. Si la Iglesia, los pecadores y el diablo se le oponen, habrá uno con quien tendrá paz. Los que son llamados a estas pruebas, conflictos y tentaciones y que gimen, oran, lloran y rompen su corazón, recuerden esta consideración: su paz, en cuanto a sus sentimientos hacia Dios respecta, fluirá como un río.

Del mismo modo, si es guiado por el Espíritu, tendrá paz de conciencia. No estará constantemente acosado y puesto contra la pared por causa de una conciencia culposa. Su conciencia estará en calma y quietud, imperturbable como un lago en verano.

Si es lleno del Espíritu será útil. No podrá evitarlo. Aun si está enfermo e imposibilitado de salir de su habitación, de conversar o ver a alguien, será diez veces más útil que cientos de supuestos creyentes que no tienen espiritualidad.

Para darle una idea de esto le relataré una anécdota. Un hombre piadoso estaba enfermo de tuberculosis. Era un hombre pobre y había estado enfermo por años. Un comerciante no convertido de buen corazón, solía enviarle algunas cosas para él o para su familia. Él se sentía agradecido por tanta bondad, pero no podía recompensarlo como le hubiera gustado hacerlo.

Al final, decidió que la mejor recompensa que podría darle sería orar por él. Su espíritu estaba encendido y se aferró a Dios. No hubo un avivamiento allí, pero al tiempo, y para asombro de todos, el comerciante que había sido bondadoso con él se entregó al Señor. El fuego estaba por todo el lugar y un poderoso avivamiento siguió, en el cual grandes multitudes se convirtieron.

Si está lleno del Espíritu Santo no se sentirá angustiado, molesto o preocupado cuando la gente hable en contra suyo. Será sabio al usar cada medio para la conversión de los pecadores. Si el Espíritu de Dios está en usted, Él lo guiará a usar los métodos con sabiduría, en cierta manera, adaptados al fin primordial y sin dañar a nadie.

Estará calmado aunque esté bajo aflicción, no caerá en confusión o consternación cuando vea la tormenta a punto de abalanzarse sobre usted. Se resignará ante la muerte, y se sentirá preparado para morir y no tendrá temor; será proporcionalmente más feliz en el cielo por la eternidad.

Ah, Señor Altísimo: Lléname con tu Santo Espíritu. No vengo con motivaciones egoístas sino con un verdadero deseo de glorificarte a ti y a tu hijo, Jesucristo. A menudo, mi vida está en confusión y aflicción, pero sé que mediante la presencia de tu Espíritu Santo puedo ser un testigo firme y seguro de la paz que sobrepasa todo entendimiento. En el nombre de Jesús y por su causa. Amén.

Los efectos del vacío espiritual

Cuando uno está vacío espiritualmente, comúnmente tendrá dudas, y es razonable, aunque sea cristiano. Los hijos de Dios son guiados por el Espíritu de Dios, y si usted no es guiado por el Espíritu, ¿qué razón tendría para pensar que es un hijo?

En este estado, también será inestable en cuanto a su visión sobre la oración de fe. Esto es porque la oración de fe es cuestión de experiencia y no de especulación. A menos que usted sea espiritual, no lo entenderá por completo.

Si usted no tiene al Espíritu, será muy propenso a tropezar con aquellos que sí lo tienen. Dudará de lo apropiado de su conducta. Si ellos parecen tener más sentimientos respecto de las cosas espirituales que usted, probablemente los llame "sentimientos carnales" y tal vez dude de la sinceridad de tales sentimientos.

Usted gozará de buena reputación con los impenitentes y con los profesores carnales. Ellos lo alabarán como un "cristiano ortodoxo, consistente y racional". Tendrá la mentalidad de caminar con ellos porque están de acuerdo.

Cada vez que haya avivamientos, verá en ellos una

fuerte tendencia al fanatismo y estará lleno de ansiedad y escepticismo.

Otra causa de trastorno en usted, serán las medidas que se toman en los avivamientos. Si alguna es adoptada, que sea precisa y directa, la denominará "nueva" y tropezará con ella en la proporción de su falta de espiritualidad.

Será un reproche para el cristianismo. Los impenitentes lo alabarán porque será muy parecido a ellos, y a veces se reirán de usted porque es un hipócrita.

Su conocimiento de La Biblia será mínimo.

¿Sabe que si muere sin el Espíritu irá al infierno? No hay dudas sobre esto. Sin el Espíritu, nunca estará preparado para el cielo.

Señor: Pido para este cristiano consistencia espiritual, que es el fruto de ser lleno de tu Espíritu. Algunos de los efectos del vacío espiritual los encuentro en mi vida ahora, y sé que pueden ser remediados solo por mi deseo de –y tu regalo de– el poder de tu Espíritu Santo en mi vida. Entrego mi vida nuevamente a ti, y aguardo el despertar espiritual que ocurrirá al aprender y practicar tu verdad en mi vida diaria. Amén.

La necesidad de la influencia divina

He pensado que, al menos en muchos casos, no se ha enfatizado lo suficiente, la necesidad de la influencia divina en los corazones de los cristianos y de los pecadores. Estoy seguro de que a veces yo mismo he fallado al respecto.

Con el fin de hacer volver a los pecadores e infieles de sus ruegos y auto justificaciones, tal vez he puesto mucho acento sobre la habilidad natural de los pecadores para arrepentirse, al punto de no mostrarles la naturaleza y el alcance de su dependencia de la gracia de Dios y la influencia del Espíritu para el arrepentimiento genuino.

Esto ha contristado al Espíritu de Dios. Su obra no es honrada y Él no está recibiendo la gloria debida por ella, al punto en que a veces ha retirado su influencia. Mientras tanto ha habido muchos entusiasmados con las cosas espirituales de una manera superficial, y han obtenido esperanza sin siquiera llegar a conocer la necesidad de la presencia y poder del Espíritu Santo. No hace falta decir que tal esperanza es falsa e infructuosa. Sería raro, por cierto, si alguien pudiera llevar una vida cristiana, sobre el fundamento de una experiencia en la que el Espíritu no fuera reconocido como partícipe de la misma.

Hasta que los líderes entren a la obra con todo su corazón, hasta que los ministros sean bautizados con el Espíritu Santo, hasta que estemos despiertos y en el campo con nuestra armadura puesta y nuestras almas ungidas con el Santo Espíritu, estaremos buscando a la distancia la causa de la disminución de los avivamientos.

Ah, Señor: El peso de la necesidad de la influencia espiritual en mi vida, y en la de otros, está sobre mí. Deseo predicar libertad a los cautivos con verdadero poder. Sin embargo, sé que no puede haber liberación sin la influencia ungida de tu Espíritu Santo. Que el futuro de ninguna persona o la salvación eterna de nadie, sea obstaculizado por mi falta de oración o mi fracaso en pedir que tu Espíritu guíe mis palabras, en la presentación de la verdad y en su recepción. Amén.

Verdadero cristianismo

Algunas queridas almas, no se dan cuenta de que hay una actividad espiritual mundana y agresiva. La verdadera espiritualidad implica verdadera fe, que está en sintonía con Cristo, y el verdadero cristianismo es siempre y necesariamente el espíritu de las misiones, de avivamiento y del sacrificio personal. Es un principio vivo y energizante el hecho de que la santidad en el hombre, sea la misma que se dio en Cristo. La santidad siempre es una y la misma cosa: benevolencia y buena voluntad. Y por una ley de su propia naturaleza, está continuamente posponiendo los esfuerzos para comprender su gran fin, el mayor bien para todos. El verdadero cristianismo es la ley del amor escrito en el corazón por el Espíritu Santo y llevada a la práctica en la vida diaria.

El error que muchas personas cometen es que no distinguen entre la fe que consiste en una persuasión del intelecto, acompañada por un correspondiente estado de sentimiento, sin el asentimiento del corazón o de la voluntad, y la fe por la cual el corazón o la voluntad se rinden completamente a la verdad percibida y admitida. La fe debe ser del corazón o la voluntad, para ser un principio poderoso y activo.

La manera en la cual ellos esperan y profesan ser guiados por el Espíritu parece ser la del impulso, en lugar de la iluminación divina a través de La Palabra. Piensan que el Espíritu guía a la gente de Dios por impresiones en su sensibilidad o sentimientos, en vez de por la iluminación de su inteligencia y guiándolos a actuar racionalmente y de acuerdo a La Palabra escrita.

La verdadera religión no consiste en obedecer nuestros sentimientos, sino en conformar nuestro corazón a la ley de nuestra inteligencia. Dios nos ha dado la razón y nos exige que entendamos lo que debemos hacer. Nos ha dado La Palabra escrita y el Espíritu Santo para iluminarla, para hacernos entender sus grandes principios y la aplicación de ellos a las circunstancias y deberes de la vida.

Un cristiano verdadero es activo, pero su actividad y energía surgen de una profunda identificación con la actividad interna del Espíritu Santo. Cristo es formado dentro de ellos; el Espíritu de Cristo es el poder energizante de su alma.

Ven, Espíritu Santo, convénceme de mi pereza en buscar tu voluntad a través de la Palabra que tú inspiraste. Perdóname por examinar mis sentimientos por alguna misteriosa sensibilidad de ti, mientras que me he negado a pensar razonablemente y aplicar la voluntad de Dios tal como es expresada en Las Escrituras a mi vida, aquí y ahora. Que pueda continuar acercándome al verdadero cristianismo, que mi vida sea un testimonio a otros. Amén.

Reunirse para Orar

Hasta ahora, al tratar el tema de la oración, he limitado mis comentarios a la oración en secreto. Ahora hablaré de la oración social o la oración que se ofrece en compañía de dos o más que están unidos orando. Esas reuniones han sido comunes desde la época de Cristo, y es probable que el pueblo de Dios siempre haya tenido el hábito de elevar súplicas unido, cada vez que tiene la oportunidad.

El propósito de la oración en público

Uno de los propósitos de convocar a varias personas para la oración unida, es promover la unión entre los cristianos. Nada tiende más a cimentar los corazones de los cristianos que orar juntos. Nunca se aman más unos a otros como cuando son testigos del derramamiento del corazón del otro en oración.

La oración en público capacita a los creyentes para extender el espíritu de la oración. Dios así nos constituyó, y así es la economía de su gracia. Somos seres receptivos y comunicamos nuestros sentimientos. Nada está calculado mejor para promover un espíritu de oración, que unirse con alguien que tiene el mismo espíritu, a menos que este esté tanto más adelante que el resto, que su oración repela a los demás. Si es así, su oración debería despertar a los otros y animarlos a unirse al espíritu de la intercesión.

Otra razón, para el gran diseño de la oración social, es mover a Dios. No es que la oración necesariamente haga cambiar a Dios de idea o de sentimientos, pero cuando la oración de fe es elevada por los cristianos, moviliza a Dios para conceder la respuesta.

Una oración unida también sirve para convencer y convertir a los pecadores. Ellos son propensos a ponerse solemnes cuando escuchan a los cristianos orar. Cuando hay un espíritu de oración sienten que hay algo más. Tan pronto como los cristianos comienzan a orar, los pecadores sienten el peso de sus pecados. No entienden lo que es espiritualmente, porque no tienen experiencia en ello, pero cuando los creyentes oran en fe, el Espíritu de Dios se derrama y los pecadores son quebrantados y a menudo se convierten al instante.

Querido Padre celestial: Que pueda encontrar la manera de formar un grupo de oración en mi vida. Que pueda encontrar dos o tres con el mismo sentir para orar de acuerdo, por nosotros y por el crecimiento de tu Reino, por el avivamiento en mi iglesia y en el mundo entero. Que seamos cambiados para ser capaces y estar dispuestos a aceptar las bendiciones que nos concederás, y que podamos encontrar a otros con quienes compartir este gozo de la fe en tu hijo, Jesucristo, el Salvador del mundo. Amén.

Cómo conducir una oración en público

Con frecuencia, es bueno abrir una reunión de oración leyendo una breve porción de La Palabra de Dios, especialmente si la persona que lidera la reunión, puede recordar
alguna porción que sea aplicable al objetivo o la ocasión, que
cause admiración y vaya directo al grano.

No estire La Palabra de Dios para llenar parte de la reunión como si fuera solo una cuestión de formalismo. Eso es
un insulto a Dios. No es bueno leer nada más que lo aplicable al tema en cuestión. El diseño de la reunión de oración,
debe ser traer a los cristianos al punto de la oración por un
objetivo definido. Vagar por un amplio espectro, estorba y
destruye este diseño.

Es adecuado que la persona que lidera haga algunos comentarios breves y apropiados, como para explicar la naturaleza de la oración y los incentivos que tenemos para orar, y
traer el tema en cuestión directamente ante las mentes de las
personas. Después de declarar el objetivo, debería presen-
tar alguna promesa o principio como la base del incentivo
para esperar una respuesta a sus oraciones. Si hay alguna
indicación de providencia, o alguna promesa, o principio en

el gobierno divino que aborde el tema de la fe, tráigalo a memoria.

Entregue la reunión al Espíritu de Dios. Los que desean orar, que oren. Si el líder ve algo que necesita corregirse, que lo aclare con libertad y amabilidad y lo corrija, y luego prosigan.

Si es necesario llamar a los individuos por nombre para que oren, mejor es llamar *primero* a los *más espirituales*; si no sabe quiénes son, entonces elija a los que usted naturalmente supone que son los más "vivaces".

Las oraciones deben ser muy cortas. Cada uno debería orar solo por *una* cosa. Si, en el progreso de la reunión, se hace necesario *cambiar* el tema de la oración, deje que el líder exponga el hecho y lo explique en pocas palabras. Es importante que el tiempo sea completamente ocupado para no dejar períodos de largos silencios, los cuales tienden a crear una mala impresión y enfriar la reunión.

Es de suma importancia, que el que lidera la reunión, presione a los pecadores que puedan estar presentes a un arrepentimiento inmediato. Él debería instar fervientemente a los cristianos presentes, a orar de tal modo que haga sentir a los pecadores que se espera de ellos arrepentimiento. Esto tiende a inspirar a los cristianos con compasión y amor por las almas.

Ah Señor, a menudo oro en la privacidad de mi habitación u oficina, pero anhelo tener un grupo de oración y un medio para orar como grupo por bendiciones específicas. Por favor muéstrame personas cristianas de un mismo sentir, y permíteme comenzar con esos principios, en la fe de que los honrarás ahora como lo hiciste en el pasado. Amén.

Obstáculos a la oración en público

Donde hay falta de confianza en el líder, no hay esperanza de ningún buen resultado. Cualquiera sea la causa, sea suya la culpa o no, el mismo hecho de que lidere la reunión sin entusiasmo, echará a perder la reunión e impedirá que lo bueno fluya.

Cuando el líder carece de espiritualidad, habrá una aridez y frialdad en sus comentarios y oraciones; todo indicará esa falta de unción, y su influencia será todo lo contrario a lo que debería haber sido. Puede haber una falta de dones acordes en el líder. Un hombre puede ser devoto, pero no dotado en el liderazgo. En tal sentido, puede ser que sus oraciones públicas no edifiquen, sino más bien desanimen al grupo.

A veces, los beneficios de una reunión de oración son neutralizados por un mal espíritu en el líder. Por ejemplo, donde hay avivamiento con gran oposición, si el líder se levanta en una reunión de oración y comenta sobre los casos de oposición, desviará la concentración de la reunión del tema. Sus efectos siempre estropearán la reunión de oración. Del mismo modo, si un ministro en avivamientos viene y predica contra la oposición, invariablemente destruirá el avivamiento y desviará los corazones de los cristianos de su progreso espiritual.

Las personas que llegan tarde a las reuniones de oración, a menudo pronuncian oraciones y confesiones de pecados de manera fría –por falta de preparación en el Espíritu– y ciertamente apagan el espíritu de la oración.

En algunos lugares, es común comenzar la reunión leyendo una larga porción de Las Escrituras. Luego, el diácono o el anciano guía en el canto de un himno largo, seguido por una extensa oración que incluye a los judíos, los gentiles y muchas otras súplicas que nada tienen que ver con la ocasión de la reunión. Después de eso, puede leer un largo extracto de algún libro o revista. Finalmente, continúa otro largo himno y otra extensa oración, y entonces los despide.

Nada de naturaleza controversial debería introducirse en una oración, a menos que sea el objeto de la reunión imponer ese tema en particular. Los líderes y otros deberían seguir de cerca el impulso y la guía del Espíritu Santo. Que nadie apague al Espíritu por causa de la oración, según la costumbre regular.

Si las personas se rehúsan a orar cuando son llamadas, eso sería dañino para la reunión de oración. Las reuniones de oración son, a menudo, demasiado largas. Los participantes deberían ser despedidos mientras todavía tienen sentimientos animados hacia la reunión y no ser extendidas hasta que se agote todo sentimiento. También se hace daño cuando los cristianos pasan todo el tiempo orando *por ellos mismos*. Esto debería haberse hecho en sus hogares. Cuando ellos vienen a una reunión de oración, deben venir preparados para ofrecer intercesión por los demás.

La falta de unidad en la oración estropea la reunión; es decir, cuando uno lidera, pero los otros, que están pensando en otra cosa, no lo siguen. Sus corazones no están unidos para poder decir "Amén".

No tener oración en privado es otro obstáculo para la oración en grupos. Los cristianos que no oran en secreto, no pueden unirse con poder en una reunión de oración y no tienen el espíritu de la oración.

Amado Padre: Hay mucho que aprender acerca de la oración. Hay muchos principios prácticos y muchos pozos peligrosos también. Que yo no esté preocupado por "la letra de la ley" en mis oraciones, sino por el "espíritu de la ley", para que una gran oración efectiva pueda ser elevada en mi vida, así como también en las vidas y propósitos de las personas que oran conmigo. Amén.

La necesidad de la oración en público

La reunión de oración es un indicador del estado espiritual que hay en una iglesia. Si la reunión de oración está desatendida o el espíritu de la oración no se manifiesta, sabrá, por supuesto, que la espiritualidad está en descenso. Yo puedo entrar a una reunión de oración y saber el estado espiritual de una iglesia.

Cada ministro debería saber que si la reunión de oración se descuida, todas sus obras son en vano. A menos que pueda hacer que los cristianos asistan a las reuniones de oración, todo lo demás que pueda hacer no mejorará el estado de su espiritualidad.

Sobre el que lidera una reunión de oración pesa una gran responsabilidad. Si la reunión no es lo que debería ser, si no eleva la espiritualidad de sus participantes, debería inquirir seriamente para ver cuál es el problema y hacer regresar el espíritu de la oración. También debe prepararse para hacer comentarios apropiados, calculados para motivar y poner las cosas en orden. Un líder que no está preparado en la cabeza y en el corazón, no tiene parte en liderar una reunión de oración.

Las reuniones de oración son las más importantes de la iglesia. Es de suma importancia, que los cristianos mantengan las reuniones de oración para (a) promover unidad, (b) aumentar el amor fraternal, (c) cultivar la confianza cristiana, (d) promover su propio crecimiento en la gracia y (e) atesorar e incrementar la espiritualidad.

Las reuniones de oración deberían ser tan numerosas como lo es la iglesia y estar bien organizadas, como para ejercitar los dones de cada miembro, hombres o mujeres. Todos deberían tener la oportunidad de orar y expresar los sentimientos de su corazón. Las reuniones de oración por secciones están diseñadas para esto mismo. Si son demasiado grandes como para permitirlo, es bueno dejar que se dividan para hacer trabajar a todo el grupo, para que todos ejerciten sus dones, para difundir la unidad, confianza y amor fraternal.

Amado Padre celestial: Si no hay una reunión de oración en mi iglesia, que comience conmigo. Oro para que el ministro y líderes de mi iglesia puedan ver la necesidad de algún tipo de reunión de oración. Tal vez, ah Señor, otros han estado esperando que yo me levante y proponga un tiempo regular de oración. Abre los corazones de mis amigos cristianos, y abre sus mentes para esta propuesta. Muéstrame la manera de comenzar este ministerio para la extensión de tu evangelio. En el nombre de Jesús, mi Señor y Salvador. Amén.

Apéndice

Los principios nacidos de la oración, de Charles Finney,
Autobiografía

Cuando fui por primera vez a Nueva York (1832) me había concentrado en la cuestión de la necesidad de abolir la esclavitud y estaba extremadamente ansioso de despertar el interés público sobre el tema. Sin embargo, traté de no desviar la atención de las personas, de su trabajo de convertir las almas. En mis oraciones y predicaciones, no obstante, a menudo aludía al tema de la esclavitud y la denunciaba, de modo que se despertó un considerable interés en la materia.

En ese tiempo, un señor llamado Levitt propugnó la causa de los esclavos y la defendió desde el [periódico] *Evangelist* de Nueva York. Yo observé la discusión con gran atención y ansiedad, y cuando estaba por partir para mi viaje en barco [Finney hizo un viaje en barco a principios de 1834 al mar Mediterráneo por causa de su salud], amonesté al Sr. Levitt a ser cuidadoso en no ir demasiado rápido en la discusión anti esclavista, a menos que quisiera destruir su periódico.

En mi camino de regreso a casa, mi mente se ocupó en demasía en la cuestión de los avivamientos. Temía que disminuyeran por todo el país, y también temía que la oposición contra ellos hubiera apagado al Espíritu. Mi propia salud estaba fallando y no sabía de ningún otro evangelista que siguiera en el campo y ayudara a los pastores en la obra del avivamiento.

Esos pensamientos me angustiaban tanto, que un día no pude descansar. Mi alma estaba en gran agonía. Pasé casi todo el día en oración en mi camarote o caminando por la cubierta con angustia por el estado de las cosas. De hecho, me sentía aplastado por la carga que estaba en mi alma, y no había nadie abordo con quien pudiera expresar mis pensamientos o decir una palabra.

Era el espíritu de la oración que pesaba sobre mí, ese mismo que muchas veces había experimentado, pero tal vez nunca en tal grado o por tanto tiempo. Le pedí al Señor que continuara con su obra, usando los canales que fueran necesarios. Fue un largo día de verano.

Después de una lucha indescriptible y agonía del alma a lo largo de todo el día, por la noche el tema se aclaró en mi mente. El Espíritu me llevó a creer que todo saldría bien y que Dios todavía tenía una obra para que yo hiciera, entonces podía descansar; el Señor seguiría con su obra y me daría las fuerzas para tomar parte en lo que Él deseara. Pero no tenía la menor idea de cuál sería el curso de su providencia.

Al arribar a Nueva York descubrí que, como había dicho, la agitación general sobre el tema de la esclavitud era muy intensa. Permanecí un día o dos en la ciudad y luego fui al interior del país, adonde mi familia estaba pasando el verano. A mi regreso a Nueva York en el otoño, el Sr. Levitt vino a mí y dijo: "Hermano Finney, he arruinado el *Evangelist*. No he sido todo lo prudente que usted me advirtió y he llegado demasiado lejos en la inteligencia pública y el sentimiento sobre el tema, tanto que mi lista de suscripciones cayó rápidamente; no seremos capaces de continuar con su publicación más allá del primero de enero, a menos que usted haga algo para traer favor nuevamente al periódico". [Finney lo había ayudado a formar el periódico desde el principio].

Le dije que mi salud estaba tan mal que no sabía lo que podría hacer, pero lo pondría en oración. Él dijo que si yo podía escribir una serie de artículos sobre el avivamiento, no tenía dudas de que eso restauraría el periódico inmediatamente. Después de pensarlo un día o dos, le propuse predicar una serie de ponencias a mi gente sobre avivamiento, lo cual él podría reportar en su diario. Él lo tomó bien a pecho y dijo: "¡Eso mismo!"; y en la siguiente tirada publicitó las fechas de las charlas.

Esto tuvo el efecto deseado, y enseguida me dijo que la lista de suscripciones estaba creciendo rápidamente: "Tengo tantos nuevos suscriptores cada día como para llenar mis brazos con periódicos para darles a cada uno un ejemplar". Me había dicho antes que la lista de suscripciones había caído a una tasa de sesenta por día. Pero ahora decía que estaba creciendo más rápidamente de lo que había descendido.

Comencé con la serie de discursos inmediatamente, y continué con ellos en el invierno, predicando uno por semana. El Sr. Levitt no tomaba taquigrafía, pero se sentaba y escribía sus notas, abreviando lo que anotaba de modo que podía entenderse él solo; y al día siguiente se sentaba y completaba sus notas y las enviaba a la imprenta. Yo no veía lo que él reportaba, hasta que todo estaba publicado en su periódico.

Yo no escribía los discursos, por supuesto; ellos son completamente improvisados. De hecho, no decidía cuál sería la próxima charla hasta que no veía publicada la última. Entonces podía ver cuál sería la próxima cuestión que naturalmente necesitaba ser discutida.

Los reportes del hermano Levitt eran magros comparados con el material contenido en los discursos. Las predicaciones duraban como promedio, si mal no recuerdo, no menos de una hora y tres cuartos. Pero todo lo que él podía captar y reportar podría leerse probablemente en treinta minutos.

Esos discursos fueron publicados más tarde en un libro titulado *Finney's Lectures on Revivals* [Discursos de Finney sobre los avivamientos]. Doce mil copias de ellos se vendieron tan pronto como fueron impresas. Y aquí, para la gloria de Cristo, yo agregaría que han sido reimpresos en Inglaterra y Francia; fueron traducidos al galés, y en el continente al francés y, creo yo, al alemán; además circularon extensivamente por toda Europa y las colonias de Gran Bretaña. Presumo que se encontraban en todo lugar donde se hablara inglés.

Después de ser impresos en galés, los ministros congregacionales del principado de Gales, en una de sus reuniones públicas, asignaron un comité para informarme por carta del gran avivamiento que había resultado de la traducción de esos discursos al galés.

Un editor en Londres, me informó que su padre había publicado ochenta mil ejemplares de ellos. Estos discursos de avivamiento, tan precarios como eran los reportes de ellos, tan débiles como eran en sí mismos, han sido instrumentales, según me dijeron, en promover avivamientos en Inglaterra, Escocia, Gales y en el continente en varios lugares; en el este y oeste de Canadá, en Nueva Escocia y en algunas de las islas.

Pero esta no es sabiduría de hombre. El lector debe recordar ese largo día de agonía y oración en el mar, en que Dios haría algo para hacer avanzar su obra de avivamientos y permitirme, si Él así lo deseaba, tomar tal curso para ayudar a avanzar la causa. Tenía la seguridad de que mis oraciones serían respondidas y había entregado todo lo que tenía para ser capaz de alcanzar, en un sentido muy importante, la respuesta a las oraciones de ese día.

El espíritu de la oración vino sobre mí como una gracia soberana, concedido sin el menor mérito y a pesar de todo mi pecado. Presionó mi alma en oración hasta que fui capaz de prevalecer, y a través de las infinitas riquezas de la gracia en Cristo Jesús, por muchos años he sido testigo de los maravillosos resultados de ese día de lucha con Dios. En respuesta a la agonía de ese día, Él ha continuado dándome el espíritu de la oración.[2]

---

2 . Charles Finney, Autobiography [Autobiografía], pp. 324, 328-331 del original en inglés.

Fuentes

La principal fuente de estas lecturas devocionales es el libro
de Charles G. Finney *Revivals of Religion* [Avivamientos
de la religión]. En las ediciones más comúnmente
reimpresas, ellos son los discursos 4-8. En su mayor parte,
las divisiones de los discursos son las mismas que las
secciones en el índice de *Principios de la oración*. El día 31,
también incluye algo de material de *Reflections on Revival*
[Reflexiones sobre el avivamiento], páginas 64-65 del
original en inglés.

Otros libros de Charles G. Finney

Esperamos que este libro
haya sido de su agrado.
Para información o comentarios,
escríbanos a la dirección
que aparece debajo.

Muchas gracias.

PENIEL

BUENOS AIRES - MIAMI - SAN JOSÉ - SANTIAGO
www.peniel.com

DESCUBRA POR QUÉ ESTOS ESCRITOS HAN SIDO IMPULSORES DE MUCHOS AVIVAMIENTOS ALREDEDOR DEL MUNDO.

Esta extendida publicación representa la edición completa de 1878, con temas relevantes para el cristianismo actual como el gobierno moral de Dios, la naturaleza del hombre, la expiación, la soberanía, los atributos del amor, la unidad en la acción moral y la regeneración.
Las distintivas verdades que dejó para las generaciones siguientes marcaron a cientos con una doctrina teológica sana, bíblica y practicable.

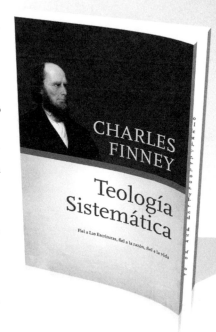

CHARLES FINNEY

Teología Sistemática

Fiel a Las Escrituras, fiel a la razón, fiel a la vida

FIEL A LAS ESCRITURAS, FIEL A LA RAZÓN, FIEL A LA VIDA

PENIEL | *Libros para siempre*
www.peniel.com